Jeanne Ruland
Melanie Missing

Dein
AVALON-
Begleiter

Ein Seelentagebuch für die inneren Ebenen

Schirner
Verlag

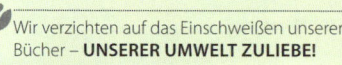
Wir verzichten auf das Einschweißen unserer
Bücher – **UNSERER UMWELT ZULIEBE!**

ISBN 978-3-8434-1392-3

Jeanne Ruland & Melanie Missing:
Dein Avalon-Begleiter
Ein Seelentagebuch für die inneren Ebenen
© 2019 Schirner Verlag, Darmstadt

Umschlag & Layout: Anke Müller,
Schirner, unter Verwendung von Bildern
von www.shutterstock.com (siehe Bild-
nachweis)
Lektorat: Kerstin Noack, Schirner
Printed by: Ren Medien GmbH, Germany

www.schirner.com

1. Auflage April 2019

Kleine Gebrauchsanweisung

Avalon ist ein mystischer Ort, der tiefe Seelenerinnerungen in uns weckt. Dieser Ort ist verbunden mit vielen Sagen und Legenden, doch ist er auch lebendig in unserer Seele und durch unsere eigenen Erinnerungen und Vorstellungen sehr individuell und persönlich. Dieses kleine wunderschön gestaltete Tagebuch hilft dir, in drei Schritten in dein persönliches Avalon hineinzufinden. Nutze dieses Büchlein für dich, um dein eigenes Avalon zu leben und zum Ausdruck zu bringen.

Wir haben dir hierfür viele Übungen und Meditationen zusammengestellt, die du ganz frei nutzen darfst. Du musst sie nicht nacheinander machen. Schaue einfach, was gerade für dich stimmig ist.

Wofür ist dieses Büchlein gedacht?

- ଓ Eintauchen in die Mystik von Avalon
- ଓ das eigene Avalon entdecken und wieder betreten
- ଓ Ausrichtung in der Neuen Zeit
- ଓ Heilung von Verrat
- ଓ Überwindung von Hindernissen
- ଓ Selbstermächtigung und Schöpferkraft leben
- ଓ Rückkehr in die Gemeinschaft der Liebenden und in die Einheit des Lichts

Inhalt

ERLÖSUNG 63

HEIMKEHR — *Sei willkommen!* 93

Danksagung   157

Über die Autorinnen   159

Einstimmung

AVALON – *ein Wort das schwingt und uns tief in die Seele bringt.*

AVA – *das Getränk der Liebe*
L(I)ON – *die Kraft und der Mut des Löwenherz,*
wir überwinden jetzt jeden Schmerz.
Kehren zurück in das Liebeslicht,
das sich den Weg in den neuen Tag bricht.

AVA LION – *der goldene Gral, gefüllt mit dem Lebenssaft*
des ewigen Lebens.

AVALON – DIE APFELINSEL
Insel der Erkenntnisse, des Mysteriums des Lebens

A *für All-Einheit – verbunden im Licht,*
V *für Vertrauen in die Seele, die die Wahrheit spricht,*
A *für Achtsamkeit, die Bereitschaft, nach innen zu schauen,*
L *für Liebe, auf das spirituelle, ewige Licht im Herzen zu bauen,*
O *für den O-Ton, die Kraft der Gezeiten,*
N *für Natur, die göttlichen Weiten.*

Komme an im Licht deiner Seele.
Dein Herz verlangt nach Verwirklichung.
Die Zeit ist jetzt, sei nun bereit
für eine neue, lichtvolle Zeit.

AVALON, *der Ruf deiner Seele,*
verschlungene Pfade im Mondenlicht.
Hörst du den Ruf aus der Dunkelheit,
mach dich zum Aufbruch nach innen bereit.
Schreite durch das Tor in das ewige Licht,
finde Frieden und Seelenausgleich.

Willkommene Freude für dein Sein,
kehre nun nach Avalon zurück,
und webe dein wahres Glück.

Avalon, die Apfelinsel, ist das Tor in die Seele unserer Mutter Erde. Sie war die Wirkstätte ehrwürdiger Hüterinnen und Hüter und brachte Großes hervor: Kinder des Lichts, die die Liebe miteinander teilten, um sich in Freude in die Größe des Lichts zu erheben. Die sich bewusst waren, dass die Liebe alles vereint und das Selbst ein Selbst aller Wesen ist und nicht im Ich begründet liegt.

9

 Übung zur Einstimmung

Zünde eine Kerze in der Farbe deiner Wahl an. Schließe deine Augen, und konzentriere dich auf Avalon. Sprich den Namen »Avalon« dreimal innerlich, leise oder laut vor dich hin. Wie klingt er für dich? Wie schwingt er in dir?

Atme ein paarmal tief, und lasse die Gefühle, die Farben, die Seelenerinnerungen, Personen, die dir zu Avalon in den Sinn kommen, Tiere, Naturlandschaften, Wetterlage … aufsteigen.

Nimm einen Stift zur Hand, und schreibe, ohne groß darüber nachzudenken, alles auf, was dir in den Sinn kommt. Du kannst dies stichpunktartig tun. Sei ganz frei.

DIE ERINNERUNGEN DER SEELE SIND DER STOFF,
AUS DEM DIE TRÄUME GEWEBT SIND.

Einleitung

Der Ruf Avalons von
Jeanne Ruland

Wie unzählige andere Leser wurde auch ich in jungen Jahren von dem Buch »Die Nebel von Avalon« von Marion Zimmer Bradley in den Bann gezogen. Uralte Erinnerungen meiner Seele wurden geweckt von einem Leben im Einklang mit dem Kosmos und der Natur. Bilder stiegen wie Nebel in mir auf. Avalon erwachte in meinem Herzen wie in vielen anderen Herzen auch. Ich fühlte mich angezogen von diesem magischen Ort. Ich erinnerte mich an ein Reich, das im Einklang mit dem lebendigen Zauber der Natur lebte, das Magie webte und die Welten miteinander verband. Ein Reich, in dem Frauen in ihrer vollen Kraft und Größe wirkten als Hüterinnen des uralten weiblichen Mysteriums und es bewahrten – bis zum heutigen Tag.

Glastonbury, ein zauberhafter Ort in England, erhebt seit 1191 den Anspruch, das sagenhafte Avalon zu sein. Avalon wird meist verbunden mit der Artussage, den Rittern der Tafelrunde, Merlin, Camelot und alten wundervollen Legenden, die viele Menschen bis heute fesseln. Doch Avalon, dieser bezaubernd mystische Ort, ist wesentlich älter, wesentlich größer und umfassender, als wir es uns in unseren kühnsten Träumen ausmalen können. Viele Zeitlinien führen durch diesen Ort, der mit anderen mystischen Orten in der Welt verwoben ist. Avalon ist ein außergewöhnlicher Kraftplatz unserer Erde. Er gilt als Tor in andere Dimensionen und Ebenen. Da dieser Ort so viel kosmische Kraft, alte Wissensspeicher und Energie aus dem Universum für die Erde freisetzt, war er lange Zeit umkämpft, in vielen Ebenen und Dimensionen. Auf die alte Zeit folgten neue Entwicklungen, alte Mysterienpfade wurden versiegelt, die Wahrheit verschlüsselt. Doch nichts ist stärker als eine

Zeit, die gekommen ist. Das wahre Erbe des Lichts, der Mysterienweg der Liebe steht all jenen offen, die den Ruf Avalons in sich vernehmen.

Doch viele Seelen hängen noch in Zeitlinien und Zeitschleifen des alten Avalon fest, da sie sich magisch verstrickt, in Manipulationen verfangen oder gar verschworen haben, gebunden sind an alte Gelöbnisse und gefangen in den Netzen früherer Machenschaften. Wir stehen, kosmisch gesehen, an einem Übergang von einer alten Zeit in das goldene Zeitalter des Friedens. Viele Seelen sind hier, um sich zu lösen, sich zu befreien und sich zu *er*lösen in dieser neuen Zeit und zugleich das alte Wissen auf ihre Weise wieder mit der Welt zu teilen.

Ich erlebe Seelen, die Anspruch auf Avalon erheben, die sich als die einzige und wahre Priesterin sehen, die alte Machtkämpfe ohne Sinn und Verstand weiterführen und nur allmählich bereit sind, in eine neue Zeit einzutauchen. In diesem Kampf hängen noch unzählige Erinnerungen und Seelenanteile. Doch vieles möchte heilen, damit wir in eine neue goldene Zeit des Friedens gehen können.

Dieses Büchlein hilft dir mit verschiedenen Verbindungsübungen, dein ganz persönliches Avalon zu betreten, wieder ganz in deine Kraft zu kommen und deine Anbindung an Mutter Erde zu spüren sowie Schluss zu machen mit alten Machtspielen und Manipulationen und dir damit ein glückliches Leben im Einklang mit der Schöpfung zu erschaffen.

Avalon ist ein Schlüssel, ein Durchgang, eine Erinnerung deiner Seele. Es ist ein Ort, der frei, weit, großartig, magisch, zauberhaft, verwoben und verbunden ist mit dem Heim deiner Seele. Es ist ein Ort, der dich erlösen oder fesseln kann. Je nachdem, mit welcher Absicht du in diesen Ort eintrittst.

Dein persönliches Avalon von
Melanie Missing

AVALON IST FÜR JEDEN DA – ES VERBINDET UNS MIT DEM
SPIRITUELLEN HERZEN DES UNIVERSUMS. ES STEHT FÜR DIE
RÜCKKEHR IN DIE EINHEIT DER LIEBE, DIE VIELFALT IST.

Ein tiefer Ruf, eine magische Anziehung, verbindet mich schon viele Jahre mit diesem Ort und dieser lichtvollen Ebene. Ich verspürte diese tiefe Sehnsucht das erste Mal bewusst mit Mitte Zwanzig, und ich dachte jedes Jahr an Silvester, wenn ich über das alte Jahr nachdachte und mir neue Dinge vornahm: »Jetzt warst du immer noch nicht da …«

Der Ruf wurde von Jahr zu Jahr stärker, und eines Tages war es dann endlich so weit. Es war so spannend, den sagenumwobenen Ort Glastonbury und viele weitere Kraftorte endlich selbst zu sehen, die Kraft und Magie zu spüren. In die Energie von Avalon

einzutauchen, hat meine Seele tief berührt und mich eine unendliche geistige Freiheit spüren lassen. Die Freiheit, loszulassen und zu spüren, wie nahe uns die Geistige Welt ist und wie sie uns auf unseren Wegen begleitet.

Natürlich hatte ich auch ein eigenes Bild von Avalon sowie Wünsche, Hoffnungen und vielleicht auch Erwartungen an diese magischen Plätze und Welten. Eines kann ich jedem, der Avalon besuchen will, versprechen: Es wird magisch und anders, denn es ist das Portal in die ANDERSWELT. Vielleicht wird es auch ganz anders, als du es dir vorgestellt hast.

Wir möchten dich mit diesem Buch ein Stück auf deinem Weg begleiten. Unsere Absicht ist, dass du mit diesem Buch deine eigene Magie, den Zauber Avalons – ganz so, wie es sich dir persönlich zeigen will – spüren kannst. Der Artusweg ist frei, und dir stehen alle Möglichkeiten offen, Avalon zu erfahren, so, wie es für deine Seele richtig und wichtig ist.

Lass uns gemeinsam die lichtvolle Ebene Avalons betreten!

Eintritt –

Entdecke Avalon in dir!

Die Schwelle nach Avalon

DIE SCHWELLE NACH AVALON KANN ZWEI WELTEN VEREINEN – ODER TRENNEN.

Nimm dir einen Moment Zeit.

Du stehst an der Schwelle nach Avalon. Viele Zeitlinien kreuzen sich hier, viele Energien schwirren herum. Sie können dich klären aber auch vernebeln. Sie können dir Offenbarung schenken oder dich verwirren.

Nimm Kontakt mit der Hüterin der Schwelle auf. Sie kann sich dir auf verschiedene Weisen zeigen.

Mit welcher Absicht möchtest du in die Welt von Avalon eintreten? Mit der Absicht, Heilung zu finden, zu erlösen, dich wieder zu verbinden, Neues zu lernen, dich mit der Natur der Liebe vollständig zu verbinden, alte Wunden zu erlösen? Was ist deine Absicht? Wie lautet der Ruf?

Notiere hier, was dir als Erstes in den Sinn kommt:

....

....

....

....

....

....

EINMAL EINGETRETEN WIRD AVALON DEINE WELT
FÜR IMMER VERÄNDERN.

Der Apfel der Erkenntnis

**WENN DAS STAUNEN DIE BLÜTE IST, SO IST
DER APFEL DIE ERKENNTNIS.**

Die Insel Avalon ist auch als Apfelinsel bekannt, da auf ihr zahlreiche Apfelbäume wuchsen. Ihre leuchtenden, süß duftenden Früchte galten als heilig. Bäume und heilige Haine wurden von unseren Vorfahren als sakrale Stätten in der Natur genutzt. Der Legende nach wuchs ein ganz besonderer Apfelbaum hoch oben auf einem Berg in Avalon, und obwohl er schon uralt war, trug er jedes Jahr wieder wunderschöne, köstliche Früchte. Dies war der Baum, der in die Obere Welt, in die Mittlere Welt und in die Untere Welt führte und alle Welten miteinander vereinte. Unter diesem Baum wurden die Kräfte der Natur angerufen, wurde gesegnet und geheilt. Er hütete die heiligen Quellen und empfing das Licht der Schöpfung.

Stelle dir vor, du befindest dich auf dem Weg zu diesem Ältesten aller Apfelbäume. Das Wesen des Apfelbaumes hat schon vieles gesehen und gehört. Seine Wurzeln sind alt und knorrig, seine Äste winden sich gen Himmel. Sie symbolisieren den Weg der Seele in das Licht. Dieser ist nicht geradlinig, sondern so, wie die Natur des Göttlichen es vorgesehen hat.

Du nimmst Platz unter dem Apfelbaum und verbindest dich mit seinem stillen weisen Wesen. Du genießt die Ruhe, die zeitlose Weisheit, das Liebeslied des Windes, das im Rauschen der Blätter ertönt, hörst den Gesang der Vögel in den Zweigen. Du nimmst das Wesen des Baumes deutlich wahr. Mit einem Mal reicht dir eine unsichtbare Hand den Apfel der Erkenntnis.

Bist du bereit, den Apfel zu ergreifen und die Süße der Frucht in dich aufzunehmen?

Der Apfel ist eine Zauberfrucht, da er das weibliche Mysterium in sich trägt. Er kann rot, gelb oder grün sein. Schneidet man ihn quer auf, so erkennt man in ihm den Venusstern, der allumfassende Liebe symbolisiert, die der Kern jedes lebendigen Zentrums ist. Die Kerne des Apfels stehen für das sich ewig erneuernde Leben. Schneidet man ihn längs auf, so zeigt er uns das Biofeld und den Schoß bzw. die geöffneten Schenkel einer empfangenden Frau. Dies ist der heilige Schöpferraum. Alles Leben stammt aus ihm. Wir alle entstehen in diesem dunklen, warmen, von Säften und Süße erfüllten Raum. Wir werden von diesem Raum aus in die Welt geboren. Er ist heilig.

Überlege: In wie vielen Legenden und Geschichten, die du kennst, spielt der Apfel eine zentrale Rolle? Der Apfel ist eine ganz besondere Frucht, die Frucht des Paradieses, das wir vergessen haben.

Nimm einen Apfel zur Hand. Spürst du seine Lebenskraft? Beschäftige dich mit dem Apfel, der Frucht des ewigen Le-

bens. Was kommt dir dazu in den Sinn? Fühlst du die Magie von Avalon, der Apfelinsel? Spürst du das unsichtbare Wesen, die unsichtbaren Boten hinter der sichtbaren Form? Frage dich: Was verbindest du mit dem Apfel? Wie stehst du zur Weiblichkeit, zum weiblichen Geschlecht? Inwiefern bist du mit der allumfassenden Liebe verbunden? Wie steht es um die Süße deines Lebens? Wie steht es mit deiner Lust auf das Leben?

Die energetische Frequenz von Avalon

**AVALON – HERZZENTRUM IN DAS HERZ DER ERDE
UND DES KOSMOS
WECHSEL VON DER 3. IN DIE 5. DIMENSION DES SEINS
DER ZAUBER DES EWIGEN LEBENS**

Avalon ist der Schlüssel zu unserem Heim im Kosmos sowie zum Lichtherz und zur Liebesquelle der Erde, zu unseren lichtvollen Ahnen. Diese hüten unser wahres Erbe, bis wir bereit sind, es zu erwecken und anzunehmen. In Avalon können wir in andere Dimensionen wechseln, da die Schleier hier sehr dünn sind, Welten vereinen oder Welten trennen und den Zauber des Lebens spüren. Hier webt sich der Zauber von AVA, von AN*, der alle König- und Königinnenreiche der Erde vereint. Vom kleinsten bis zum größten König- und Königinnenreich. In den Erdreichen gibt es das Volk der Bienen mit ihrer Bienenkönigin, die Ameisenkönigin, die Zwergenkönigin, die Feenkönigin, die Elfenkönigin, die Elbenkönigin und viele weitere mehr. All diese Königreiche waren einst vereint, wirkten Hand in Hand und erschufen den Zauber und die Fülle des Lebens. Es war pure Magie.

WENN DIE TORE ALLER REICHE OFFEN STEHEN UND WIR IN RESPEKT UND ACHTUNG MITEINANDER WIRKEN, SO ERSCHAFFEN WIR EINE NEUE WIRKLICHKEIT.

Avalon ist das Herzzentrum von Europa und über Leylinien mit anderen bedeutenden Kraftzentren der Erde verbunden. Mächtige Stätten des Lichtes wirken hier zusammen und erschaffen im Zusammenspiel das universelle Einheitsfeld. Die Lichtstätte über Avalon wird aus spiritueller Sicht wie folgt beschrieben: Sie dehnt sich weit über die Britischen Inseln von Irland, England und Schottland bis in die französische Bretagne aus. Der innerste Teil der Lichtstätte ist rund. Er schließt sich an drei Lichttempel an, sodass er aus einer höheren Sicht aussieht wie ein Kleeblatt. Dieser Lichtbrennpunkt hütet die Kraft der Elemente, die Wesen der Elemente und symbolisiert in allen Ebenen Glück, Harmonie, Fülle und Freude. Er strahlt in verschiedenen Farben. Hier vermählt sich die Göttin in ihrem heiligsten Tempel mit dem Gott, und in ihrem Liebesspiel erneuern sie die gesamte Lebensenergie nicht nur für die Erde, sondern für das gesamte Universum.

---

* AN ist die spirituelle Bezeichnung der Königreiche der Erde.

# ☿ Visionsübung

Atme tief und ruhig ein und aus. Nimm dir Zeit, schließe deine Augen. Spüre Avalon, den Ort der Liebe in deinem Herzen. Stelle dir zunächst deine innere Frau vor. Wie sieht sie aus? Was trägt sie? Wie zeigt sie sich dir (dem Leben zugewandt, abgewandt, verschlossen, voller Freude, traurig …)?

Nun stelle dir deinen inneren Mann vor. Wie zeigt er sich dir? Welche Kleidung trägt er? Was tut er (ist er aufrecht, jung oder alt, im strahlenden Gewandt oder abgeschafft, müde oder vital)?

Nun stelle dir beide zusammen vor. Was braucht es, damit dein inneres Paar in Harmonie miteinander auf allen Ebenen sein kann?

Notiere hier, was du vor deinem geistigen Auge siehst:

....

....

....

....

....

....

....

....

....

....

....

....

Der Jahreskreis

Zyklen und Gezeiten, Sonnen- und Erdfeste – Zeittore in den Kosmos

Man kann im Winter keine Äpfel ernten.

Für alles gibt es eine Zeit. Im Einklang mit den Zyklen, den Rhythmen des Lebens, wirst du von der fliessenden Energie des Universums getragen. Achte auf die Zeiten und Zyklen.

Viele Menschen fühlen sich, wenn sie nach Avalon reisen, als würden sie nach Hause kommen. Es berührt tief in der Seele und lässt uns unser uraltes Erbe erkennen, das darauf wartet, in uns zu erwachen. Avalon mit seinem ganzen Zauber und seiner Mystik verbindet uns mit den Zyklen der kosmischen Natur, die uns in Spiralen in höhere Ebenen und neue Kreise tragen. So feiern wir die lebendigen Feste, die Vereinigung des Kosmos mit der Erde.

Es gibt bestimmte Zeitpunkte, da stehen die Türen in alle Welten offen, und die Energie strömt im kosmischen Herzen zusammen, um sich zu vereinen und zu erneuern. Das kosmische Liebeslied der Einheit erklingt im Kosmos.

Unsere Erde befindet sich, im Gesamten gesehen, im ständig fließenden Yin-und-Yang-Fluss. Wenn es auf der einen Erdhälfte hell ist, ist es auf der anderen Erdhälfte dunkel. Wenn die eine Seite im Sonnenlicht erstrahlt, leuchtet die andere Seite im Mondlicht. In ewigen Strömen und Kreisläufen wechseln sich die Kräfte von Tag und Nacht ab und zeichnen ihren wellenförmigen Rhythmus in die Natur. Alles verläuft in Wellen, Kreisen und Zyklen und in einem bestimmten Rhythmus. Wir tragen diese Kräfte in uns und durchlaufen sie täglich, monatlich und in größeren Verläufen. Wenn wir im Einklang mit diesen Rhythmen schwingen, so geschieht vieles von allein. Für alles gibt es eine Zeit.

Zu bestimmten Zeitpunkten schieben sich die Dimensionstore des Himmels und der Erde übereinander, kosmische Energien strömen ein, und Felder laden sich auf, nicht nur in dieser Dimension. Unsere Vorfahren waren mit den Feldern der Erde und des Kosmos verbunden. Viele Strömungen vereinen sich im Menschen. Ja, das ganze lebendige Universum ist in uns.

So gibt es besondere Zeitfenster im Jahresverlauf, in denen alle Tore offen stehen, wir die Schicksalsverläufe Richtung Glück lenken, uns verbinden oder lösen können, um so im Einklang mit unserem Lebensplan zu wirken.

Nimm dir Zeit, und notiere in der nachfolgenden Liste die Veränderungen der Natur sowie deiner Befindlichkeiten zu diesen besonderen Zeiten, und tauche so ganz in den Rhythmus der Natur ein. In dieser Rückverbindung entsteht ein mächtiger Energieflow.

Avalons Tore im Jahreskreis

Alles beginnt in der Dunkelheit

ALLES GESCHIEHT ZUERST IM GEISTE, BEVOR ES
SICH DER WELT OFFENBART.
WIR TRÄUMEN ALLES, BEVOR ES GESCHIEHT.

Die Große Göttin offenbart sich in der allumfassenden, schützenden Dunkelheit des Alls. Sie empfängt den Lichtsamen in ihrem Schoß, der sich in ihr entwickelt und sich als neues Leben, als Lichtkind des neuen Morgens offenbart. Alles Sein wird aus der tiefen Dunkelheit, im Wasser des ewigen Lebens, aus einem dunklen Mutterschoß geboren. Wie alles Leben in der Dunkelheit empfangen wird und sich im dunklen Schöpferraum entwickelt, bis es sich der Welt zeigt, so beginnt auch der Jahreskreis in der dunklen Jahreshälfte.

In alten Zeiten begann

- ೞ ein Tag mit der Dämmerung am Abend.
- ೞ ein Monat immer mit dem unsichtbaren Neumond.
- ೞ das Jahr (inoffiziell) in der dunklen Zeit des Jahres am 1. November.

Erlebe die Veränderung selbst:

*Beginne gedanklich deinen neuen Tag mit der **Dämmerung:***

....

....

....

....

....

....

....

....

....

*Beginne einen neuen Zyklus mit einem **Neumond** (z. B. Ernährungs-umstellung, …):*

....

....

....

....

Beginne den nächsten Jahreszyklus in der Nacht vom 31. Oktober auf den **1. November:**

Das achtspeichige Rad des Lebens

DAS LEBENSRAD IST IMMER IN ACHT ABSCHNITTE GETEILT.
DIE LIEGENDE ACHT IST DAS SYMBOL DER EWIGKEIT, DER
KRAFT UND DER HERRLICHKEIT.

Der Tag hat acht Abschnitte:
1. Sonnenuntergang
2. Mitternacht
3. Sonnenaufgang
4. Morgen
5. Vormittag
6. Mittag
7. Nachmittag
8. Abend

Der Mond hat acht Phasen:
1. Neumond
2. zunehmender Viertelmond
3. zunehmender Halbmond
4. zunehmender Dreiviertelmond
5. Vollmond
6. abnehmender Dreiviertelmond
7. abnehmender Halbmond
8. abnehmender Viertelmond

Das Jahr hat acht Abschnitte:
1. 1. November: Samhain – Allerseelen
2. 21. Dezember: Julfest – Wintersonnenwende – Alban Arthuan
3. 1. Februar: Imbolc – Lichtmess
4. 21. März: Ostara – Frühlingstagundnachtgleiche
5. 1. Mai: Beltane – Walpurgisnacht
6. 21. Juni: Sommersonnenwende – Alban Hevin – Mittsommer
7. 1. August: Lughnasadh – Lammas
8. 21. September: Herbsttagundnachtgleiche – Mabon

Mache dir im Folgenden über das Jahr hinweg Notizen zu den Jahresfesten. Beginne mit dem Jahreskreisfest, das als nächstes ansteht.

1. November: Samhain – Allerseelen

Samhain, Allerseelen und Halloween werden vom 31. Oktober auf den 1. November gefeiert. Es ist ein Datum, das für Abschied und Neubeginn steht. Früher markierte diese Zeit den keltischen Jahresbeginn oder die »Jahresnacht«. Die lichtvollen Ahnen waren eine

Kraftquelle des unerschöpflichen Lichts und wachten in dieser Zeit besonders über ihre Lieben. Sie wurden hoch verehrt. Man konnte sich an bestimmten Plätzen mit ihnen treffen und sie um Rat und Beistand bitten. In dem Wort »Ahnen« steckt die »Ahnung«.

Spüre in diese besondere Nacht hinein. In das Feld deiner lichtvollen Ahnen. Entzünde eine Kerze. Du kannst dich mit deinen Ahnen verbinden. Beschreibe, was du träumst oder an diesem Tag erlebst. Du kannst räuchern und eine Orakelkarte ziehen. Mit ihr erhältst du einen Ausblick auf das kommende Jahr.

21. Dezember: Julfest – Wintersonnenwende – Alban Arthuan

Inmitten der dunkelsten Nacht, der Mutternacht, wird das Lichtkind wiedergeboren. »Alban Arthuan« bedeutet übersetzt »das Licht des Artus« und bezieht sich auf den großen König der keltischen Sage. Dieses Fest trägt neue Lichtfunken und Lichtsamen in sich, auf dass sich das Licht in allem Leben in einer neuen Runde entwickeln kann. Das Leben verweilt nicht im Gestern und fließt nicht rückwärts. Alles erneuert sich. Der Sonnenkönig – König Artus – stirbt und wird von der alten Morgaine mit der Totenbahre nach Avalon gebracht. Zur Wintersonnenwende wird der neue Sonnenkönig wiedergeboren. Das Licht gebiert sich in dieser Nacht in allem Leben. So auch in dir. Nimm den sich erneuernden Lichtimpuls wahr.

Nimm dir Zeit. Verbinde dich mit dem höchsten Licht, und bitte um einen Traum. Diese Nacht ist eine Nacht, die dir Einblick in den neuen Lichtsamen gewährt. Es ist ein guter Abend, um eine Jahresrune zu ziehen, eine Jahreskarte und die Schwingung des neuen Jahres zu erfassen.

1. Februar: Imbolc – Lichtmess

In der Nacht vom 1. auf den 2. Februar wird Lichtmess gefeiert – Imbolc. Die Göttin zeigt sich in dieser Nacht als unschuldige Jungfrau in einem hellen strahlenden Gewand, von einem Strahlenkranz umgeben. Mit ihr beginnen die Säfte in der Natur zu steigen, und der Fruchtbarkeitsgeist erwacht in der Erde. Auch der junge Sonnengott erwacht. Die Seele erinnert sich an die Reinheit, die Klarheit und die Weite des Lichts. Neue Visionen werden empfangen, und ein neues Lebensgefühl, die Lust auf das Leben, erwacht.

Nimm dir Zeit, beschreibe den Tag. Spüre in dich hinein, was drängt von innen nach außen? Was möchte durch dich in die Welt geboren werden? Wo darf noch Platz für Neues geschaffen werden?

21. März: Ostara – Frühlingstagundnachtgleiche

Im Osten geht die Sonne auf. Die Morgenröte der Ostara badet das Leben in einem sanften Licht. Dieses neue Licht ergießt sich in den Schoß der Erde, die zu neuem Leben erwacht. Alles beginnt zu knospen und zu erblühen, aufzubrechen, um neues Leben hervorzubringen. Ostara ist das Auferstehungsfest des neuen Lebens.

Beobachte, was an diesem Tag geschieht. Welche Zeichen werden dir von Mutter Natur gesendet. Was empfindest du? Was will erblühen, heilen, sich regenerieren und erneuern?

1. Mai: Beltane – Walpurgisnacht

Der Sommer beginnt. In Avalon ist der wunderschöne Sonnenkönig zu einem Jüngling herangewachsen, der seine Königswürde herausfordert. Beltane ist ein Fest der Initiation, der Zeugungskraft, um neue Früchte hervorzubringen. Ein Brauch an diesem Tag war die Hirschjagd und die anschließende sexuelle Vereinigung mit einer Jungfrau. Beltane ist ein Fest des Lebens, der Vereinigung, der jungen Liebe, der Zeugung und des Lichts. Es wird getanzt, gefeiert, gelacht und geliebt.

Vernimm die Zeichen der Zeit. Wofür brennt dein Herz? Was liebst du? Was bringt dein Herz zum Singen? Was möchte sich in dir verströmen? Mache dir Notizen zu deinen Träumen und Wünschen. Stärke deine Liebesverbindungen. Was willst du zeugen, initiieren?

21. Juni: Sommersonnenwende – Alban Hevin – Mittsommer

Die HOCHZEIT des Lichts hat begonnen. Die Erdgöttin ist nun hochschwanger. Alles wächst und gedeiht in Hülle und Fülle. In früheren Zeiten wurde die Sommersonnenwende zwölf Tage lang gefeiert. Es wurde gesungen, gelacht und getanzt und die Fülle des Lebens genossen. Paare konnten sich in dieser Zeit für ein Jahr zusammenfinden und im nächsten Jahr Hochzeit feiern oder sich wieder trennen, wenn es nicht passte. Die Sommersonnenwende ist noch heute eine Zeit der Ekstase, des Glücks.

Nimm dir Zeit. Womit gehst du schwanger? Was darf gelöst, was darf verbunden werden? Richte dich neu aus. Löse dich, um dich neu zu verbinden. Stärke dich an der Fülle der Natur und des Lichts. Genieße das Leben.

1. August: Lughnasadh – Lammas

Der August ist der Monat der Erfüllung, der Ernte, der Manifestation von Überfluss. Man feiert den Lichtgott.

Was kannst du ernten? Wofür bist du dankbar? Wo braucht es einen Schnitt? Wo braucht es eine Neuausrichtung?

21. September: Herbsttagundnachtgleiche – Mabon

In dieser Schwellenzeit geht der Sommer zu Ende, die dunkle Jahreszeit steht vor der Tür. Es gilt, sich vorzubereiten und den Kräften, die uns tragen und führen, zu danken und sie zu feiern, denn jetzt vereint sich das Sichtbare wieder mit dem Unsichtbaren. Auch Erntedank wird jetzt gefeiert und war in früheren Zeiten der Dank an die unsichtbare Welt, die Welt der Naturwesen und Geister, der Ahnen und Lichtwesen, mit denen man zusammen feierte. Die Natur hat uns so viel geschenkt, uns an ihrer Fülle teilhaben lassen. Jetzt ist es Zeit, der Natur etwas von allem zurückzugeben und sich bei ihr zu bedanken.

Worin bestand der Segen? Worin die Fülle? Wofür möchtest du Danke sagen? Welche Geister haben dich auf der anderen Ebene begleitet und gestärkt? Gib etwas zurück. Balanciere dich im Einklang der Kräfte, und bereite dich auf den Übergang in die dunkle Jahreszeit vor.

Wenn du die Jahresfeste beachtest, wirst du spüren, dass du an diesen besonderen Tagen auf den bevorstehenden Abschnitt eingestimmt wirst und so immer stärker im Einklang mit den Kräften des Kosmos wirken kannst.

Deine Zyklen, dein Rhythmus, deine Schwingung

Beachte deine Zyklen, deinen Rhythmus und deine eigene Schwingung. Dazu zählen z. B. dein Herzrhythmus, dein Biorhythmus (körperlich, seelisch und intellektuell), dein Zyklus, dein Tages- und Nachtrhythmus, dein Verdauungsrhythmus. Was fällt dir besonders auf? Welche Rhythmen verlaufen harmonisch, wo gibt es Blockaden oder Unstimmigkeiten?

Beobachte deine Befindlichkeiten und wiederkehrende Muster im Jahresverlauf. Wann bist du besonders vital? Gibt es depressive Phasen im Jahresverlauf? Gibt es bestimmte, immer wiederkehrende Ereignisse im Jahresverlauf? Wann hast du deine kreativste und stärkste Phase? Wann nimmst du auf und schaffst – wann gibst du ab und erholst dich?

Wenn wir im Rhythmus des Jahreskreises durch das Jahr gehen, so wie es in Avalon bis heute getan wird, erkennen wir, dass es für alles eine Zeit gibt. Wir kommen in einen Flow, in dem uns die jeweilige Zeitquaität im Jahr unterstützt. Wir erkennen die großen und kleinen Kreisläufe in allem Leben. Im Einklang mit den natürlichen Rhythmen der Natur zu leben und sie zu feiern, hilft uns, noch tiefer in das Mysterium des Lebens hineinzufinden. Plötzlich macht jeder Abschnitt im Leben Sinn, hat jede Stufe eine Bedeutung, und wir fühlen den Flow und die Führung, die Einheit und das Liebeslicht hinter jedem Lebensstrom. Wir erkennen und erleben, dass die Natur uns auf jeden Abschnitt vorbereitet und uns führt. Wir lernen, die Zeichen des lebendigen Feldes zu lesen, und fühlen uns zutiefst mit der Liebesschwingung des Universums verbunden.

☆ Übung: Wie ermittelt man die Tagesqualität?

Nimm dir morgens etwas Zeit. Verbinde dich zuerst mit dem Kosmos, mit der Liebe von Vater, Mutter und Kind in einem, z. B. indem du bewusst die rechte und die linke Hand zusammenführst, die Daumen auf dein Herzzentrum richtest und dich mit der Quelle der unendlichen Liebe in der Erde und mit dem Licht der Sonne verbindest. Bitte darum, dass alles, was heute geschieht, im Einklang mit dem höchsten Licht geschieht und deinem Wohl, dem Wohl deiner Mitmenschen und dem Gesamten dient. Spüre den Segen, der immer da ist und mit dem ersten Lichtstrahl am Morgen in dein Leben hineinströmt. Nimm die feinen Impulse wahr, die du zwischen Wachsein und Träumen aufnimmst. Vielleicht kommen dir Menschen oder Situationen in den Sinn? Vielleicht beschäftigen dich Gedanken an die Vergangenheit, oder du erhältst Impulse und Visionen der Zukunft. Gib eine gute kraftvolle Intention in den Tag.

Gehe in die Natur. Spüre in sie hinein. Zieht dich die Energie nach unten und innen? Erhebt sie dich in den Himmel? Ist es eher Zeit, um sich zurückzuziehen?

Notiere dir kurz die Tagesqualität und die Lichtimpulse, die du wahrnimmst. Beachte dabei den Mondstand, die Jahreszeit und die Zeichen, die dir begegnen.

Kornkreise –
Botschaften des Kosmos

Kornkreise treten gehäuft in Südengland auf und wurden dort bis ins 20. Jahrhundert als »Devils Twist« bezeichnet. Sie gelten aber auch als Feen- und Elbenringe und gehen in Märchen auf tanzende Gestalten zurück. Es gibt verschiedene Theorien dazu, wie Kornkreise entstehen. Einige Theorien besagen, Kornkreise seien komplexe Botschaften und Lichtcodierungen von Außerirdischen, andere Theorien besagen, dass die Kornkreise aus der Intelligenz von Mutter Erde, also im Inneren der Erde entstehen.

Kornkreise sind komplexe Muster, die in Südengland hauptsächlich in dem Gebiet auftreten, wo Avalon existierte und wo sich noch heute Übergänge in dieses Reich befinden sollen. Da Avalon das kosmische Herzzentrum ist, wird die Lichtcodierung, die an diesem Ort entsteht, in das gesamte Universum übertragen. Wenn wir die Botschaften der Lichtgeometrie in uns aufnehmen, sie in unserer Vorstellung in Bewegung setzen und uns mit der Schwingung verbinden, so können wir wahrnehmen, dass diese Botschaften aus anderen Dimensionen stammen und mit der planetaren Entwicklung und Evolution einhergehen. Die Erde ist perfekte Geometrie. Sie ist ein eigenes Lebewesen und hochintelligent mit der Weisheit des Kosmos verbunden.

# Übung: Dein persönliches Muster

Nimm dir nun Zeit, dein persönliches Muster zu malen und hier in die Welt zu bringen. Dies kannst du z.B. als ein Erkennungsmuster, als dein Logo, als deine persönliche Verbindung zu den Kräften des Kosmos verwenden.

Schließe deine Augen. Spüre in dein Herz hinein. Erlaube, dass ein kosmisches Muster vor deinem inneren Auge entsteht. Lasse dir Zeit. Spüre die Formen. Nimm die Energie in dich auf. Welche Zeichen sind darin enthalten? Wie sind die Zeichen ineinander verwoben?

Zeichne hier auf, was vor deinem inneren Auge entsteht:

Feinstoffliche Welten – avalonische Seelenbegleiter

Engel, Einhörner und Naturwesen

Feinstoffliche Welten und Wesen sind nicht für alle Menschen sichtbar, doch jeder von uns hat unterschiedlich stark ausgeprägte Wahrnehmungskanäle und nimmt beispielsweise Gefühle, Gerüche, innere Bilder usw. besonders intensiv wahr. Vertraue auf deinem Weg darauf, dass sich dir alles so zeigt und offenbart, wie es für dich persönlich genau richtig ist.

Engel sind immer an unserer Seite, wie unsere Schutzengel, unsere persönliche Engelgruppe – und wenn wir sie rufen, die Erzengel – und viele mehr. Sie sind Boten Gottes aus der 7. Dimension, ebenso wie die Einhörner, doch die Engel haben andere Aufgabenbereiche. Sie geben Schutz, trösten und umfangen uns mit all ihrer Liebe. Sie kümmern sich liebevoll um die Themen unserer Emotionalebene. Die Aufgabe der Engel Avalons ist es, Frieden zu erschaffen. Sie unterstützen die Große Göttin dabei, alles in den Einklang zu bringen und jegliche Disharmonien zu bereinigen. Der Artussage nach wurde Merlin, dem weißen Druiden, die Geburt eines Engels angekündigt, der das Land, das damals von Krieg und Armut gezeichnet war, wieder zum Frieden führen sollte. Um diesen Engel zu erkennen, soll Merlin das Schwert Excalibur in einen Fels getrieben haben, und nur dieser Engel war der Legende nach fähig, es aus dem Fels zu ziehen. Und so begab es sich, dass der junge Artus, der aus ärmlichen Verhältnissen stammte, zum Fels kam, das Schwert aus dem Stein zog und König wurde, so wie es in der Inschrift des Fels geschrieben stand. Demnach ist König Artus der »Engel Avalons«.

Einhörner sind wundervolle Seelenbegleiter auf unserem Licht- und Lebensweg, die die Wünsche unserer Seele unterstützen und uns als weise Ratgeber und Freunde immer zur Seite stehen. Das Besondere an ihnen ist, dass sie uns sehr nah sein können und wirklich jeden Schritt mit uns gehen. Durch ihre Lichthörner ist es ihnen möglich, uns Licht zu senden und unsere Seelenheilungskräfte zu aktivieren. Sie können tiefe karmische Verletzungen heilen und auflösen und sind somit auch in Avalon wichtige Begleiter bei der Transformation von der alten in die neue Zeit. Sie helfen uns dabei, alles wieder ins Gleichgewicht zu bringen.

Naturwesen beleben und beseelen die Natur. Wenn sie sich dir zeigen, möchten sie dich wieder in Verbindung mit deiner wahren Natur bringen. Die Wesen der Natur sind Gestaltwandler, sie können schön oder hässlich, grimmig oder freundlich, hilfreich oder hinterlistig sein, jedoch spiegeln sie immer nur das energetische Bild ihres Gegenübers. In Avalon haben unter anderem die Feen eine besondere Bedeutung, denn das Labyrinth unter dem Hügel Tor in Glastonbury galt schon zu Zeiten der Kelten als Eintrittsort zur Feeninsel, die vom Feenkönig gehütet wird.

Welche lichtvollen Wesen begleiten dich auf deinem Weg? Bitte sie, sich dir zu zeigen, ob im Traum oder durch Zeichen oder indem dir Namen eingegeben werden. Haben sie Botschaften an dich?

Wie erkenne ich Zeichen und Botschaften?

Avalon und seine Lichtwesen kommunizieren auf individuelle Art und Weise mit dir. Sie geben dir Zeichen und überbringen dir Botschaften, die aus eurer Verbindung heraus entstehen und nur für dich bestimmt sind. Bitte sie darum, dir deutliche Zeichen und Hinweise zu senden, die du deuten und verstehen kannst. Bitte ebenso darum, dass du dich, wenn dir die Botschaften in der Nacht übermittelt werden, am Morgen noch daran erinnern und das Wissen mit in den gegenwärtigen Moment nehmen kannst. Mögliche Zeichen können unter anderem sein:

- ଓ Du findest Dinge und Gegenstände, wie z. B. eine Feder.
- ଓ Du spürst den Impuls, Orakelkarten zu ziehen.
- ଓ Ein Freund teilt dir etwas mit oder löst in dir einen neuen Impuls aus.
- ଓ Du erkennst Botschaften in Liedern, die du hörst, in einer Zeitschrift oder auf einem Werbeplakat, das du liest.

Vertraue deinem Gefühl, wenn du auf etwas aufmerksam wirst oder es sich dir drei Mal zeigt. Welche Zeichen und Botschaften hast du wann bekommen, mache dir Notizen dazu.

Erlösung

Erlösung alter Seelenverträge

Avalon mit seinem wundervollen Spirit ist ein magischer Ort, der viel Heilung bewirken kann. In der Zeit des Übergangs haben viele Seelen auf ganz verschiedene Weise Verrat erlebt. Es gab Verrat unter Frauen, unter Männern, Verrat von Frauen an Männern und Verrat von Männern an Frauen. Um in eine neue Zeit, ein neues Avalon zu gehen, müssen wir diese Wunden erkennen und heilen.

Spüre in dich hinein. Wo hast du Verrat erlebt? Wer hat deine Liebe verraten? Gibt es einen Vertrauensbruch in dir? Schreibe ihn auf. Es wird Zeit, dass er heilt.

....

....

....

....

....

....

....

....

....

....

....

....

....

Im Folgenden haben wir für dich Meditationen und Übungen zusammengestellt, mit denen du diesen Verrat heilen kannst. Schaue, welche Übung für dich stimmig ist. Im Anschluss, wenn du dich befreit und gelöst fühlst, wird es dir leichtfallen, im letzten Schritt in dein persönliches Avalon heimzukehren.

☘ Meditation: Verbindung mit den Priesterinnen von Avalon

Schließe deine Augen. Öffne dein Herz für die Liebe zu allem Leben. Öffne dich für die Energie der Einheit. Wir sind alle eins. Wir alle werden von derselben Energie durchströmt, getragen und genährt. Die Priesterinnen von Avalon führen dich in das Zentrum des kosmischen Herzen, dessen Puls in allem Leben schlägt. Fühle den Herzschlag des ewigen Lebens, den Herzschlag der Ewigkeit. Wir wurden geboren, um das Licht, das in uns wohnt, zu manifestieren. Wir sind Licht aus dem ewigen Licht der Liebe. Bewege dich immer tiefer in das mystische Herzzentrum hinein. Immer mehr spürst du die Priesterinnen von Avalon. Sie bilden einen Lichtkreis der Liebe in der Ewigkeit. Du trittst in den Lichtkreis hinein, in den Kreis, zu dem du einst gehörtest. Du kehrst langsam zurück an deinen Platz. Die Liebe und das Licht dieses Kreises werden immer stärker und hüllen dich mit ihrer Heilkraft sanft ein. Die Priesterinnen haben lange auf diesen Moment deiner Rückkehr gewartet. Indem du deinen Platz im Lichtkreis wieder annimmst, beginnen die Reinigung und die Heilung des Verrats in deiner Seele und in deinem Herzen. Immer stärker strömt das heilende, balsamische Licht in dich hinein. Es umhüllt dich, beschützt dich, öffnet dich und dringt in die Wunden deiner Seele ein.

Eine avalonische Heilerin oder ein avalonischer Heiler, z. B. Morgaine, Merlin oder Maria Magdalena, tritt hervor. Die dunklen Energien, die noch in deiner Wunden gespeichert sind, werden nun sanft von ihr oder ihm gelöst, gereinigt, balsamiert. Die feinen Lichtstrukturen der Heiligen Geometrie werden wieder verbunden, sodass das Licht der Liebe wieder fließen und strömen kann.

Atme tief ein und aus. Fühle den Atem und den Puls des Lichtkreises. Atme im Gleichklang mit dem Lichtkreis.

Spüre das Licht, das aus dem Herzzentrum der Erde und aus dem Kosmos strömt und in deine Wunde, den Riss in deiner Seele, die Verletzung in deinem Herzen hineinfließt, während die Priesterinnen ihr Heilwerk an deiner Seele erfüllen und dich wieder mit der großen Liebe der Göttin und des Gottes verbinden. Die beiden großen Ströme des Universums können nun in dir heilen. Spüre, wie deine seelischen Wunden gereinigt, gesalbt und aufgeladen werden.

Dein Kreis fragt dich, ob du bereit bist, auf neue Weise auf deinen Platz zurückzukehren. Wann immer du bereit bist, kehre ganz in deinen Kreis zurück. Dein Platz wurde gehütet, und es tut so gut, dass du wieder da bist. Spüre die Freude und die Liebe deiner Seelenfamilie und deines Lichtkreises. Hier bist du richtig. Hier bist du gut. Hier bist du Licht. Hier bist du ganz. Hier kannst du aus deinem Herzen heraus wirken.

Dein Kreis nimmt dich in die Mitte und badet dich in seinem Licht. Die Priesterinnen geben dir alles, was du jetzt brauchst, in dein Aurafeld. Du spürst die Stärkung und die Klärung deines Lichts augenblicklich. Du kannst dich jederzeit und überall mit deinem Lichtkreis verbinden. Die Priesterinnen werden dich dann augenblicklich in ihre goldene Mitte nehmen und dich mit dem Licht der Liebe aufladen und dich balancieren, dich beraten und dir zur Seite stehen in allen Angelegenheiten deines Lebens.

Besuche deinen Lichtkreis in deiner inneren Welt immer wieder. Hier bist du geborgen und gut aufgehoben, hier bist du zu Hause.

Notiere hier deine Begegnung und deine Erfahrungen mit deinem Lichtkreis.

 Übung: Vergebung im Garten der Liebe

DER APFEL SYMBOLISIERT DIE LIEBE,
UND LIEBE IST DIE WAHRHEIT.
WAS DIE LIEBE ZUSAMMENFÜHRT,
KANN DER MENSCH NICHT TRENNEN.
ER KANN ES JEDOCH IMMER IN DIE LIEBE ZURÜCKFÜHREN.
DIES GESCHIEHT DURCH VERGEBUNG UND ANERKENNUNG.

Nimm dir Zeit. Notiere auf einem extra Zettel (den du im Anschluss an die Meditation mit Räucherwerk verbrennen kannst), mit wem oder was du noch verstrickt und nicht im Frieden bist. Lasse nach und nach alles, was du in deinem Leben erlebt hast, vorbeiziehen. Vielleicht steigen auch Erlebnisse auf, die nicht aus diesem Leben stammen.

ICH REINIGE MEINE SEELE.
ICH REINIGE MEINEN GEIST.
ICH REINIGE MEINEN KÖRPER.
ICH BIN DAS LICHT.
DAS LICHT IST IN MIR UND UM MICH HERUM.
DAS LICHT FÜHRT UND LEITET MICH. ICH BIN DAS LICHT.

Wähle dir einen Platz, an dem du einige Zeit ungestört sein kannst. Entzünde eine Kerze, die deiner Heilung dient. Lege Musik auf, die dich entspannt und trägt, und mache es dir ganz bequem.
    Atme ein paarmal ganz tief und lang, sodass du immer mehr zu dir selbst kommst und ruhig wirst. Schließe deine Augen.

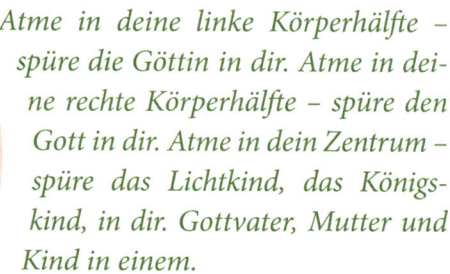

Atme in deine linke Körperhälfte – spüre die Göttin in dir. Atme in deine rechte Körperhälfte – spüre den Gott in dir. Atme in dein Zentrum – spüre das Lichtkind, das Königskind, in dir. Gottvater, Mutter und Kind in einem.

Lasse dich immer stärker in den Raum deines Herzens sinken, der dich augenblicklich mit dem kosmischen Herzzentrum von Avalon verbindet. Du bemerkst ein Lichtwesen und begrüßt es auf deine Weise. Es trägt dich durch das Tor nach Avalon in einen wunderschönen Apfelgarten mit Quellen und einem wunderbaren See. Du kommst immer mehr an, bemerkst die lebendigen Naturwelten, die Elfen und Zwerge, die eifrig wirken, ihre liebliche Musik verströmen und im Einklang mit der Natur, tanzend und in Leichtigkeit das Licht in die Natur weben.

Du nimmst die Umgebung wahr. Ein Lichtwesen von Avalon begrüßt dich und nimmt dich an die Hand. Es überreicht dir einen Korb. Du sammelst die reifen Äpfel in diesem Korb und wirst zu einem heilsamen Platz in dem Garten gebracht – einer Quelle, einem Bach, einem See inmitten der grünen lebendigen Natur, die dich einhüllt und ihren wunderschönen Lichtmantel um dich legt. Du fühlst dich geborgen und kommst ganz an diesem Ort an. Ein Wesen aus der Natur ist da und legt sich schützend um dich herum. Das kann ein Drache sein, ein Engel, ein Elf oder eine Fee, die dich mit ihrem strahlenden und klaren Licht schützend umhüllt.

Du bist bereit. Bereit zu vergeben. Du bemerkst eine Gruppe von Menschen, die von Weitem auf dich zukommt. Du bemerkst, dass dies Menschen sind, die dir früher einmal Schmerz zugefügt und dich verletzt haben.

Die erste Person löst sich aus der Gruppe und kommt jetzt ganz nah an dich heran. Ihr schaut euch in die Augen. Spüre die Energie, die sich nun entlädt und erlöst. Die Person spricht: »Bitte verzeihe!«

Du fühlst in dein Herz hinein und spürst, ob du bereit bist, zu verzeihen. Wenn du wirklich vergeben kannst, so teile der Person dies über deine Augen mit.

Sprich: »Ich vergebe!«, und gib der Person einen Apfel aus deinem Korb als Zeichen der Liebe zu dir selbst und zu allem, was ist. Atme, und spüre, wie mithilfe der Spirits jetzt Erlösung geschieht.

Schaue nun einem nach dem anderen Menschen in die Augen. Bist du bereit, die Vergebung anzunehmen und zu verzeihen? Schenke jedem Menschen einen Apfel aus dem Korb.

Nachdem du das getan hast, bist du wieder allein in dem Garten, umgeben von den liebenden Spirits von Avalon. Sie reichen dir Wasser aus der Quelle des Lebens. Du trinkst einen tiefen Schluck und spürst die Heilung, die in dir geschieht. Atme tief ein, spüre die fließende Energie in dir.

Du bemerkst, dass eine zweite Gruppe von Menschen auf dich zukommt. Du erkennst, dass es sich um Personen handelt, die du verletzt hast. Schaue einem nach dem anderen in die Augen, und wenn du bereit bist, so sprich: »Bitte verzeihe!« Schenke jedem dieser Menschen einen der Äpfel aus dem Korb.

Langsam löst sich diese Gruppe wieder auf. Wieder bist du umgeben von deinen Spirits in Avalon. Sie reichen dir heilsames Quellwasser aus der Quelle des Lebens. Du nimmst einen

großen Schluck und spürst die Heilung, die in dir geschieht. Atme tief ein, spüre, wie die Energie in dir fließt.

Dein Korb ist immer noch mit Äpfeln gefüllt. Die Spirits von Avalon nicken dir aufmunternd zu. Du bist nun bereit, dir selbst zu vergeben.

So rufe dir einige wichtige Situationen in Erinnerung, in denen du Schuldgefühle entwickelt hast. Verzeihe dir selbst für die damaligen Gefühle, den Trotz und den Widerstand, die Wut, die Eifersucht … und andere Gefühle, die du empfunden hast.

Lasse Wesenheiten, die sich dadurch gebildet haben, kommen. Reiche ihnen eine Frucht, und verzeihe dir selbst. Spüre, wie sie sich in dem Moment, in dem sie endlich wahrgenommen werden, in dem sie die Frucht erhalten und mit dem Wasser der Quelle berührt werden, erlösen, zurück in das Licht wandeln und nun von den Priesterinnen von Avalon durch ein Lichttor in die Einheit geleitet werden. Sprich: »Ich verzeihe, ich verzeihe auch mir. Ich löse mich jetzt von meinen Schuldgefühlen, die mich belastet und gehemmt haben. Es tut mir leid. Liebe ist die Wahrheit.«

Du spürst: »Wer ich war, bin ich nicht mehr. Wer ich sein werde, werde ich sein.«

Ein wunderschönes Licht erscheint in dem Garten – dein Hohes Selbst, deine Lichtseele, ein Seelenanteil, der dir lange gefehlt hat. Du bist bereit, ihn zu empfangen und dieses Licht wieder voll und ganz anzunehmen. Segen und Energie fließen in alles hinein. Dir wird noch eine Botschaft übermittelt.

Du bedankst dich für alles, was geschehen konnte, und teilst die letzten Äpfel in deinem Korb mit den Wesen der Natur und mit Mutter Erde. Du teilst das Wasser mit der Natur und mit Mutter Erde. Du spürst die Einheit und die Verbundenheit.

Deine Spirits tragen dich langsam zurück durch das Tor und wieder ganz in dein Zentrum hinein. Du verankerst die Energie in deinem Zentrum und bemerkst die Veränderung in dir.

Verbrenne den Zettel, den du eingangs geschrieben hast, mit Räucherwerk, und spüre, wie du alles in das Universum entlässt und in die Liebe zurückgibst. Notiere dir deine Erlebnisse:

☖ Übung: Heilung durch Excalibur – Rückkehr des Schwertes in die Hand der Liebe

IN DER NEUEN ZEIT IST ES NICHT MEHR NOTWENDIG, SICH ZU SCHÜTZEN, DA WIR IMMER MEHR IN DER LIEBE ERWACHEN. WIR KÖNNEN DAS POSITIVE UND LICHTVOLLE EWIGE IN UNS STÄRKEN UND EINE VISION EINES GLÜCKLICHEN, HARMONISCHEN, SCHÖNEN LEBENS IM EINKLANG MIT DEM HÖCHSTEN UND IM LICHT DER LIEBE ERSCHAFFEN. GLAUBE AN DIE MACHT DER LIEBE.

Das Seelenschwert ist kein persönlicher Besitz. Es ist eine Gabe des Höchsten an dich. Es erwählt dich und ruft dich ins Leben, damit du das höchste Licht in dir vollendest. Es ist nicht Sinn und Zweck eines Schwertes, andere zu bekämpfen, zu unterdrücken, zu verletzen oder gar zu töten. Der Sinn des Schwertes ist es, die Güte, die Kraft und die Herrlichkeit Gottes zu offenbaren, die Wahrheit, Liebe und die Ausrichtung im Licht des Friedens beinhaltet. Der Weg des Seelenschwertes und der wahre Wert auf dem Königs- und Königinnenweg ist die Selbstermächtigung in die Schöpferkraft, mit der wir den Himmel auf Erden im Einklang mit dem Leben errichten können und das lebendige Licht und die Liebe gegen Unwahrheit beschützen können. Achte im Umgang mit dem Seelenschwert auf deine Worte, Gedanken, Gefühle und Handlungen. Bringe sie in Einklang mit dem göttlichen Licht, und erhebe das Wort dann, wenn du aus dem göttlichen Licht den Impuls dazu erhältst. Nutze dein Schwert im Sinne der Liebe zu allem Leben.

Das Schwert steht für die Gedankenkraft. Wie wendest du dein Seelenschwert an? Wie nutzt du deine Gedanken? Verbindend oder trennend?

Nimm dir nun Zeit für dich. Lasse dich nach Avalon führen. Spüre deinen persönlichen avalonischen Lichtkreis. Eingehüllt in das Licht der Liebe, befindest du dich an einem See.

Spüre nun deine innere Frau und deinen inneren Mann in ihrer Gleichwertigkeit. Warte, bis du das goldene und das silberne kristalline Licht in dir deutlich wahrnimmst und bis beide Flammen gleich groß in dir leuchten. Wer von den beiden Anteilen in dir trägt das Schwert?

Es wird nun Zeit, das Schwert in die Hände des Weiblichen, in die Liebe zu geben, die es im vollkommenen Licht ausrichtet. Dein Seelenschwert wird im göttlichen Licht aktiviert, damit du deiner Seele zur göttlichen Verwirklichung verhelfen kannst. Spüre,

*wie es ist, wenn deine Seele, die von Grund auf Liebe und Glückselig-
keit ist, das Schwert führt und du dich von ihr führen lässt. Auf diese
Weise kannst du das Reinste und Aufrichtigste aus dem Licht der
Quelle der unendlichen Liebe in dir zum Schwingen bringen. Dein
Herz verlangt nach göttlicher Verwirklichung. Diese ist nur durch
die Liebe in Worten, Gefühlen und Taten möglich. Spüre den Zauber
und die feine Kraft der Liebe, die nun in dir schwingt und alle Licht-
bahnen in dir öffnet. Sie wird dich führen.*

*Dein Avalonischer Lichtkreis hilft dir, das Schwert wieder richtig zu
führen. Lasse geschehen, was geschehen will. Es wird Zeit, die Welten
in dir zu vereinen, statt sie zu trennen. Mit dem Schwert der Liebe
kannst du Brücken zu anderen Orten bauen, kannst dich dort ver-
abreden und dich wieder verbinden, so, wie es einst gedacht war. So
unterstützen dich deine Spirits dabei, das Licht auf liebende Weise
zu lenken und zu leiten, Regenbogenbrücken zu erschaffen, einen lie-
bevollen Austausch möglich zu machen, Felder zu reinigen und zu
klären und die Energie wieder in den Fluss zu bringen. Arbeite eine
Weile auf der inneren Ebene mit Excalibur. Lasse dich aus der tiefs-
ten Liebe deines Herzens heraus unterweisen und führen.*

Notiere hier deine Erfahrungen und Erlebnisse:

☩ Meditation: Die Freisprechung – Heilung von alten Bindungen und Seelenverträgen

Oft haften wir noch an alten Bündnissen, Seelenverträgen, Versprechungen, Verpflichtungen, Gelöbnissen an die Göttin oder den Gott. Gerade in Avalon gab es viele Bündnisse auf allen Ebenen, die heute nicht mehr gültig sind und jetzt gelöst werden können, um Avalon auf neue Weise zu erleben.

Schließe deine Augen. Bitte deinen Lichtkreis von Avalon zu dir. Spüre das Herzzentrum, das den Kosmos und die Erde vereint. Spüre den Puls des Lebens. Nimm deine Aura wahr, und bitte die Spirits, mit denen du verbunden bist, zu erscheinen. Du wirst in einen Steinkreis geführt, der dich noch stärker mit dem Kosmos und der Erde verbindet. Du bist ein freies Wesen, frei, frei, ewig frei. Du hast zu bestimmten Zeiten tief greifende Entscheidungen bewusst oder unbewusst ge-

troffen, die für diese Zeit oder für einen bestimmten Zeitabschnitt wichtig und richtig waren, da sie die Energie noch stärker bündeln konnten. Doch nun ist es Zeit, diese alten Bündnisse zu lösen.

Der Lichtkreis von Avalon umgibt dich. Aus jedem Stein des Kreises, die große Lichttore in andere Dimensionen sind, tritt ein Lichtwesen, das dir wohlvertraut ist. Wesen aus allen Ebenen und Dimensionen sind gekommen, sodass Erlösung nun auf jeder Ebene geschehen kann. Vielleicht bemerkst du die Priesterinnen, die Heiler und Heilerinnen, Merlin, die Wesen der Natur und die Wesen des Kosmos, die dich jetzt schützend einhüllen.

Alle Seelen und Seelenanteile, an die du dich über Raum und Zeit gebunden hast, erscheinen in einem geschützten Hologramm, in dem auch sie Erlösung und eine Neuordnung erfahren.

Wenn du bereit bist und ein Zeichen erhältst, so beginne, und sprich:

»ICH BIN göttliche Seele, unversehrt, ewiges reines Licht. ICH BIN das ICH BIN. Im Namen meiner ICH-BIN-Gegenwart und der göttlichen Kraft der Liebe danke ich für ihre Gegenwart in mir und in allem, was lebt.

Das ewige Licht, die ewige Liebe fließt in diesem Raum, durchflutet und durchstrahlt ihn.

Hiermit spreche ich mich, ... (dein Name), und alle, die mit mir verbunden sind, lebendig, jenseitig, frei von allen Wirkungen aus alten Seelenverträgen und Absprachen, die uns heute nicht mehr dienen.

Pakte, Gelübde, Flüche, Täuschung, Manipulation, Verwünschung, Blutsbrüderschaft, Seelenverkäufe, Verrat, Seelenverträge, rituelle Magie, Schuldprogrammierungen, Einweihungen, Missbrauch der göttlichen Energie … alle Verträge lösen sich jetzt und erlöschen in diesem einen reinen Licht.

Hiermit löse ich mich von allen in der Vergangenheit geleisteten Eiden und Gelübden des ewigen Gehorsams, der Armut, der Keuschheit, der Wache, der Rache, des ewigen Schweigens, der ewigen Verdammung, der Selbstkasteiung, von Verpflichtung gegenüber Dritten, vom Dienstes gegenüber einem König, einer Königin, einem Gott, einer Göttin, von Treueschwüren, Geheimgesellschaften, Bannungen … sowie anderen, hier nicht genannten Gelübden und Eiden.

Ich verzeihe mir selbst im Namen der göttlichen Kraft all den Schmerz, den ich auf meine Seele zugreifen ließ. Ich verzeihe mir im Namen der göttlichen Kraft all den Schmerz, den ich anderen Seelen zugefügt habe. Ich verzeihe im Namen der göttlichen Kraft all jenen, die meiner Seele Schmerz zugefügt haben. Wir sind Licht, wir sind reines Licht, unendliches Licht und frei, frei, ewig frei. Der Segen des Himmels und die Fülle der Erde fließen und strömen reichlich.

Ich bin nun frei für die Fülle und den Segen des göttlichen Universums. Alle Treueschwüre, Eide, Pakte und Gelübde sind unwirksam für heute und für alle Zeit. So sei es im Namen der Liebe und der lebendigen Schöpfung auf immer. Amen in Liebe.«

Spüre nun die reinigende Kraft der göttlichen Spirale, die das dunkle Netz und die alten Verbindungen löst und befreit. Spüre die Erlösung und Befreiung. Excalibur schwingt dreimal um den Steinkreis und löst und schneidet alles frei. Warte, bis sich das Hologramm vollständig geklärt hat und nur noch reines strahlendes Licht ist. Bedanke dich bei deinem Lichtkreis. Als Dank und Anerkennung gibst du etwas in das Zentrum hinein.

Es kann sein, dass dir aus deinem Lichtkreis noch eine Botschaft übermittelt wird oder Energien übertragen werden. Lasse dies geschehen. Bedanke dich, und komme in deiner Zeit zurück.

Notiere dein Erlebnis:

....

....

....

....

....

....

....

....

....

....

....

....

☘ Übung: Sich den schützenden Mantel der Kraft zurückholen

Der blaue Mantel ist ein Symbol der Großen Göttin, die alles in ihr dunkelblau-silbernes Licht einhüllt, damit im Traum oder in der stillen Innenschau neue Impulse empfangen werden können. Blau beruhigt und öffnet uns für das Licht, Silber verstärkt die Intuition und die Verbindung mit allem Sein. Ob in Avalon, Lemuria oder Atlantis: Heilige Frauen und Männer, Priesterinnen und Priester aus allen Zeiten und Räumen trugen blaue Mäntel mit kosmischen Symbolen (Sonne, Mond, Sterne) und hüteten heilige Quellen, in denen sich das Mond- und Sternenlicht widerspiegelte.

Es ist an der Zeit, deinen eigenen blauen kosmischen Mantel wieder zu tragen. In Avalon gehört er als dein Seelenbegleiter zu dir. Er schenkt dir Wärme, Schutz und Geborgenheit und hilft dir, deine lichtvolle Kraft zu spüren, zu zeigen und zu leben.

Schließe die Augen. Verbinde dich auf deine Weise mit Avalon. Bitte die Große Göttin, dir jetzt deinen Mantel der Kraft wieder umzulegen, und spüre, wie er dich augenblicklich umgibt und dich mit den universellen Kräften und heiligen Quellen verbindet. Er gibt dir die Möglichkeit, aus dem Höchsten zu schöpfen, zu kreieren und zu erschaffen. Er wird dir, wann immer du sie benötigst, wertvolle Impulse und Ideen vermitteln. Vielleicht findest du in seinem Inneren auch wichtige Utensilien wie z. B. Räucherwerk, Edelsteine, Essenzen, einen Stab der Kraft und vieles mehr für dich, also alles, was deine eigene Magie ausmacht und dich unterstützt.

Öffne dich dem blau-silbernen Licht, atme dieses Licht mehrere Male tief in deinen Solarplexus, in deinen Bauch, hinein. Spüre oder stelle dir vor, wie dich dieses Licht erfüllt und umhüllt. Fühle, wie Körper,

Geist und Seele sich entspannen, wie Ruhe und Frieden sich immer mehr in dir ausbreiten und sich dein inneres Licht, deine Intuition verstärkt. Bitte die Große Göttin, dir Klarheit zu schenken und deine Wahrnehmung zu intensivieren. Warte auf Impulse, die aus diesem Licht aufsteigen. Spüre den allumfassenden Schutz, die Führung, Geborgenheit und Liebe der Allmutter, der Großen Göttin.

Achte auf deine Träume, und schreibe sie nieder! Welche Bilder empfängst du, wenn du den Mantel trägst? Mit welcher Quelle fühlst du dich verbunden? Welche Ideen steigen in dir auf? Welche Utensilien hält dein Mantel für dich bereit?

....

....

....

....

....

....

....

....

....

....

☘ Übung: Vergeben und Frieden finden mit der Großen Göttin

Die Große Göttin ist die Allmutter, die Quelle allen Lebens, und wurde zu Zeiten Avalons hoch verehrt. Indem du dich mit ihr verbindest und vereinst, kann Heilung, Wandlung und Veränderung auf allen Ebenen deines Seins geschehen. Mit ihrer Unterstützung und Fürsprache können alle Energien wieder in Einklang kommen. Sie hilft dir, wieder ein natürliches Gleichgewicht herzustellen in allen Ebenen und Zeiten. Die Große Göttin ist eine liebevolle und gerechte Begleiterin auf der Reise zu dir selbst. Sie kann dir jedes Ungleichgewicht in deinen Lebenssituationen aufzeigen und dir zu erkennen geben, in welchen Bereichen du näher hinschauen solltest. Mit ihr kannst du alles verändern und in Frieden bringen.

Avalon ist groß, und es gibt hier für jeden seinen Platz, zu dem dich die Große Göttin gern führt. Keiner ist mehr oder weniger, für die Göttin sind wir alle gleich. Sie wird dir ebenso deinen Platz im Hier und Jetzt in Avalon, deinen Platz im Leben sowie in deiner Familie zeigen, wenn du sie darum bittest.

Die Große Göttin sagt dir: »Vergebung ist der Weg nach Hause, suche und finde Frieden …«

Fühle diese Worte, und mache dir Notizen:

Wem möchtest du vergeben und bei wem möchtest du dich entschuldigen? Wem möchtest du Danke sagen? In welchen Lebensbereichen fühlst du ein Ungleichgewicht oder Unfrieden in dir?

Hier ein paar Worte, die du je nach Situation sprechen kannst.

Für **Vergebung** sage bitte:
»Ich segne dich, vergebe und verzeihe dir und schließe heute Frieden!«

Für **Entschuldigung** sage bitte:
»Ich entschuldige mich von Herzen, bitte verzeih mir!«

Für **Dankbarkeit** sage bitte:
»Ich segne dich, ich danke dir und wünsche dir von Herzen das Allerbeste.«

Wiederhole die Worte bitte jeweils dreimal.

Heimkehr –
Sei willkommen!

Die Liebe Avalons verbindet uns alle miteinander. Sie trägt eine unbeschreibliche Magie in sich, ein Gefühl der Heimkehr, des Zu-Hause-Seins, bei dem wir uns sofort wohl und angekommen fühlen. Wir betreten die lichtvolle Ebene Avalons, in der bereits alles in Einklang ist, und haben die Möglichkeit, dieser Frequenz das, was in uns noch nicht in Einklang ist, anzupassen, Dinge auszugleichen, in Harmonie zu kommen oder auch Frieden zu schließen und zu finden. Wir müssen nicht mehr kämpfen, konkurrieren oder uns rechtfertigen, egal, in welchem Bereich unseres Lebens. Ob wir an Engel glauben, Einhörner wahrnehmen oder ob uns Avalon ruft.

Das Universum ist groß, alles ist da, alles ist wahr und möglich, und alles ist frei, für jeden! Nichts gehört irgendjemandem, und jeder kann zu jeder Zeit die Wege gehen, zu denen ihn seine Seele ruft – das ist die Neue Zeit.

Und heute öffnet sich dir dein Seelenweg nach Avalon vielleicht auf eine ganz neue Art und Weise. Stelle dir vor, wie sich dir ein lichtes Portal nach Avalon öffnet. Vielleicht spürst du, wie sich jetzt die Energie neben dir und um dich herum verändert und sich dir ein Tor, eine wundervolle Ebene erschließt und es dir möglich ist, in das Lichtvolle, noch Verborgene in dir einzutreten.

Dieser dritte Teil, diese abschließende Reise nach Avalon ist eine Reise zu dir selbst. Sie ist ein Teil deines Seelenweges, den du nun Schritt für Schritt, ganz in deinem Tempo und in Begleitung vieler dich liebender Begleiter gehen kannst. Wage den ersten Schritt, und dir eröffnet sich augenblicklich ein Weg, dein persönlicher Seelenweg, der dich auf eine magische Reise zu dir selbst führt.

Die Nebel lichten sich,
sei willkommen in Avalon!

95

Eintritt in das Avalon der Neuen Zeit über das Kosmische Herzchakra

Das Kosmische Herzchakra ist die Kuppel, die einst Atlantis schützend umgeben hat. Nachdem Atlantis in die höheren Welten zurückgekehrt ist, blieb dieses kosmische Portal erhalten und erwachte in Avalon, in Glastonbury über dem Hügel Tor zu neuem Leben. Das Kosmische Herzchakra ist in Resonanz, in Schwingung mit vielen unserer Seelen – dadurch verspüren wir den Ruf Avalons. Das Kosmische Herzchakra ruft die Hüterinnen und Hüter, die Priesterinnen und Priester, die Druiden, Heilerinnen und Heiler, die Lichtarbeiter und Lichtbewahrer und viele mehr an diesen Ort und erzeugt in uns allen mit seiner Schwingung, mit seinem pulsierenden Ruf, Erinnerungen an Avalon.

Wir rufen und bitten die Energie des kosmischen Herzchakras zu uns, um uns mit dieser kosmischen Ebene zu verbinden. Dabei unterstützen uns die Einhörner als Mittler zwischen den Dimensionen und Ebenen. Die Einhörner Avalons stehen am Hügel Tor in Avalon und verbinden ihre Lichthörner mit dem kosmischen Herzchakra. Sie nehmen die blau-silberne Frequenz der kosmischen Liebe für dich ganz persönlich auf. Sie schreiten mit dieser kosmischen Energie durch das Tor der Anderswelt, um dich mit ihr zu verbinden.

Spüre nun die Einhörner an deiner Seite, und öffne, wenn du bereit bist, dein Herz. Die Einhörner berühren mit ihren Lichthörnern dein Herz und verbinden auf diese Weise die kosmische Herzebene mit deinem Herzchakra. Die Energien verbinden, verweben sich, du wirst eins mit ihnen. Spüre dein Herz, spüre seine Kraft und Weite – Avalon lässt dich es durch deine Liebe spüren und erkennen.

Du nimmst einen neuen Blick, eine höhere Perspektive, ein und kannst nun deinen Seelenweg und somit auch dich selbst voller Liebe sehen und deinen Weg in Liebe und im Einklang gehen.

Was liegt dir auf dem Herzen? Was ist dein Wunsch auf diesem Weg? Was wünschst du dir von deiner Verbindung zu Avalon? Notiere alles, was dir gerade durch den Kopf geht, was dir am Herzen liegt.

✸ Meditation:
Das Tor ins Licht nach Avalon

Der Hügel Tor in Glastonbury gilt als der höchste Punkt Avalons, und jeder, der schon einmal vor Ort war, kennt dieses Gefühl, die Magie Avalons dort schon von Weitem sehen und augenblicklich spüren zu können. Es ist für uns einer der besonderen Plätze in Avalon, denn hier spürt man das kosmische Herz, hier ist der Schleier so unendlich dünn, hier kannst du in eine Anderswelt und eine andere Dimension eintreten. Hier verbinden sich alle Kraftorte über Energiebahnen miteinander.

Lasse uns nun gemeinsam den Weg des Herzens gehen und das Tor über die lichtvolle Ebene Avalons betreten.

Schließe deine Augen. Du befindest dich auf dem Hügel Tor. Du wirst an diesem Ort, an dieser Schwelle nach Avalon, von Erzengel Michael begrüßt. Er erinnert dich daran, dass du ebenso wie er ein lichtes Schwert, ein Seelenschwert, bei dir trägst. Ziehe es, und erhebe es in die Lüfte wie Erzengel Michael. Ihr verbindet die Schwerter, lasst die Klingen sich sanft berühren, und sie erstrahlen augenblicklich in blauem Licht. Erzengel Michael verbindet und vereint dich durch diese Geste mit der Energie aller Kraftorte Avalons.

Nimm dein Schwert wieder an dich, und schreite durch das Tor, oben auf dem Hügel. Lausche den Stimmen, die dich hier an diesem magischen Ort begrüßen, dich willkommen heißen und einladen, wieder nach Avalon zurückzukommen. Das Feld öffnet sich, der Schleier wird lichter, und du trittst um das Tor herum und ein weiteres Mal durch es hindurch – die feinstoffliche Ebene Avalons öffnet sich dir. Du spürst augenblicklich die Liebe der Insel.

Rufe deine avalonischen Geistführer aus alten Tagen, ob Merlin, König Artus, Morgaine, Ritter Lancelot, die Ritter der Tafelrunde, die Druiden, die Engel, die Einhörner oder die Drachen Avalons. Rufe dann: »Ich bin wieder da!«

Ein lichtes Portal öffnet sich dir, und die Energie daraus strömt direkt in dein Herz, das sich im Folgenden wie ein großes lichtvolles Tor in diese geistige Ebene öffnet. Spüre die Liebe der Großen Göttin, die dich an ihre Seite ruft.

Die Einhörner vernehmen diese Einladung ebenso und öffnen für dich mit ihrer

Berührung das Tor zur Magie in dir. Durch diese Öffnung ist es dir heute – und wann immer du den Ruf verspürst – möglich, die Kraft und Mystik Avalons in dir zu erwecken.

Die Einhörner führen und begleiten dich nun in die magische Zeit. Durch das Tor gelangst du zu einem großen See, eine Barke steht für dich bereit, und du bist eingeladen, einzusteigen. Ein lieber Geistführer wird sich dir zeigen (es kann jedes Mal ein anderer sein) und wird dich nun über den See durch den Nebel zur Insel, zum magischen Ort Avalon, bringen.

Steige aus, und betritt die Insel. Du wirst hier liebevoll begrüßt und empfangen. Dann erlebe dein Avalon, ganz so, wie es sich dir zeigt …

Kehre zurück, wann immer du magst, und notiere deine Erlebnisse, z. B.: Welcher Geistführer zeigt sich dir? Was wurde dir gezeigt? Welche Erfahrung oder welches Wissen kannst du für dich anwenden?

Meditation: Die Quelle der Heilung

Man sagt, die Quelle der Heilung entspringt im Schoß der Erde, da, wo einst Avalon war. Quellen und Seen wurden in Avalon als magisch und lebenspendend angesehen. Eine der bekanntesten Heilquellen ist die Rote Quelle im Garten von Chalice Well. Man nennt sie auch Gralsquelle oder Kelchquelle, hier wird seit jeher die Große Göttin verehrt. Schon für die Kelten, besonders ihre Priesterinnen und Druiden, war die magische Anziehung dieses Kraftplatzes deutlich spürbar. Dieser Ort dient noch heute als Ritualplatz und Portal in die Anderswelt.

Die heilige Quelle offenbart sich im Garten von Chalice Well unter anderem durch das Zeichen Vesica Piscis, das der Heiligen Geometrie entstammt. Die zwei sich überschneidenden Kreise symbolisieren die Durchdringung zweier Welten und Wirklichkeiten. Manche sagen auch, es sei das Auge, das die Brücke zwischen der physischen und spirituellen Welt herstellt. Es steht ebenso für die Verbindung zwischen Gott und Göttin und wird auch verwendet, um die Heilige Dreifaltigkeit zu symbolisieren.

Lasse dich von der heiligen Quelle berühren. Schließe deine Augen, und betritt im Geiste diesen wundervollen Garten. Wenn du noch nicht persönlich dort warst, lasse ihn intuitiv in dir entstehen. Du durchschreitest ein Tor, das dich nach Avalon führt. Du folgst den Wegen, dem Klang einer Melodie, die dich ruft, und gelangst zur Quelle der Heilung, wie auch immer sie sich dir gerade zeigt.

Du bist nun eingeladen, aus dieser Quelle zu trinken. Das Wasser erfrischt dich, und du spürst, wie es augenblicklich in dir wirkt. Ein Schluck reicht, um dich zu reinigen bzw. alles aufzunehmen, jede Erinnerung, jeden Schmerz, alle negativen Erfahrungen, die deine Seele jemals in Verbindung mit Avalon gemacht hat und die dir dein Vertrauen in andere und in dich selbst genommen haben. All das wird vom Wasser der Heilung umspült, gelöst und im Ursprung geheilt. Verbinde dich nun mit dem Zeichen der heiligen Quelle, und spüre, in welche Dimension du getragen wirst, um dein Urvertrauen zu-

rückzuerlangen oder zu stärken. Vertraue deiner ersten Eingebung, und sieh, was dir in dieser Ebene gezeigt und gegeben wird …

Kehre im Anschluss langsam zurück. Atme tief durch und spüre nach. Wie zeigt sich dir die Quelle der Heilung? Was möchtest oder kannst du von dort aus mitnehmen? Welche Botschaft hast du erhalten? Kannst du durch diese Verbindung deine Selbstheilungskräfte aktivieren? Wenn ja, wie? Schenkt dir die Gegenwart der Quelle Vertrauen bzw. stärkt sie dein Urvertrauen? Wenn ja, wie kannst du dies im Alltag nutzen? Mache dir Notizen:

Fasse hier die Essenz deiner Reise zusammen. Was bringt dir Heilung?

☖ Meditation: Der Heilige Gral

Der Heilige Gral ist so sagenumwoben wie die Geschichten um die Suche nach ihm. Gesucht wurde er einfach überall, ebenso in den Tiefen der Meere wie in der Erde. Der Legende nach soll Joseph von Arimathäa ihn im Garten von Chalice Well vergraben haben.

Wer auf den Spuren Avalons wandelt, wird auch ihn finden, in sich, in der Tiefe des eigenen heiligen Seins. Es geht jetzt im dritten Teil dieses Avalon-Begleiters um deine Erfüllung, um die Vollendung des Seins.

Der Heilige Gral ist deine ICH-BIN-Präsenz, der Schatz im Inneren deines Seins. Das Gefäß, mit dem du die Strömungen des Lichts aus der höchsten göttlichen Quelle empfängst und in dich aufnehmen kannst, um zu spüren, wer du in deinem Ursprung bist. Er symbolisiert die heilige Hochzeit in dir, bei der das Weibliche mit dem Männlichen, die Schöpferin mit dem Schöpfer, der Himmel mit der Erde in Einklang gebracht wird. Dieser Weg bringt dich in Einklang mit dir selbst.

Die Einhörner begleiten dich zur göttlichen Quelle in dir. Schließe die Augen. Rufe sie an deine Seite, und spüre einen Moment hin, was zeigen sie dir? Wo befindet sich dieser heilige Ort in dir? Fühle, spüre und/oder sieh ihn, und mache dir Notizen dazu, und lies anschließend weiter:

Die Einhörner führen dich zum Ursprung der Quelle, folge ihnen. Ihr wandelt gemeinsam über die Landschaft in dir, und einen Moment später kommt ihr an einer sprudelnden Quelle an, die von Blumen gesäumt ist. Alles erstrahlt in voller Pracht und in den schönsten Farben. Um die Quelle herum strahlt und scheint ein goldenes Licht, das dir nun immer näher kommt. Es ist ein Engel, der Engel Avalons, der Hüter dieses Ortes, und er begrüßt dich herzlich hier am Ursprung der Quelle.

Der Engel hält einen Kelch in seiner Hand. Er geht zur Quelle hin und fängt ein paar Tropfen des Quellwassers auf. Anschließend kommt er auf dich zu.

Er wird, wenn du es gestattest, dein Herz mit einem Tropfen des Quellwassers berühren, wodurch du dich erinnern kannst, was und wer du im Ursprung bist. Sofort erfasst dich ein unglaublicher Liebesstrom, der jeden Schmerz, jegliche Leere oder Sehnsucht in dir mit Liebe ausfüllt und dein Herz unendlich weit öffnet. Du fühlst dich jetzt von Sekunde zu Sekunde vollkommener und geistig stärker. Sieh, fühle und spüre dich und dein Licht, dein ursprüngliches Sein sowie dein Wirken in Avalon.

Der Engel nimmt nun den Kelch und gießt das Quellwasser in den Heiligen Gral in dir. Augenblicklich beginnt die Quelle deines Ursprungs zu sprudeln und zu fließen, ja förmlich überzufließen – deine Kraft, deine Schöpferkraft und Kreativität verströmen sich in dir. Lasse dich von diesem heiligen Strom berühren, und tanke neu auf. Spüre die pure universelle Lebensenergie, die dich durchströmt,

die in dir sprudelt. Sie ist der Brunnen der Jugend und Kraft, deiner Schöpferkraft, aus der du immer wieder schöpfen kannst, von der du dich immer wieder berühren lassen kannst.

Dein Heiliger Gral ist dein Schöpfungsgefäß, das Zentrum deiner Schöpferkraft in dir. Aus ihm heraus kannst du deinen Visionen einen neuen Impuls geben, und von hier aus fließt auch deine Energie, die du für all dein wundervolles Wirken und Schaffen benötigst. Lasse dich immer wieder vom Strom des Heiligen Grals erfüllen, und spüre die Unterstützung deines ureigenen Potenzials, die Liebe Avalons.

Du hast heute – und wann immer du möchtest – die Möglichkeit, dich selbst neu zu finden, dich neu zu erfinden. Spüre, was die Quelle *in dir an die Oberfläche sprudeln lässt, all deine wundervollen Talente und Fähigkeiten, die du nun in dein Leben einbringen und mit dem, was ist, verbinden kannst. Vertraue dir, vertraue dem Licht deiner Seele und deiner dich liebenden geistigen Führung, die immer an deiner Seite ist. Der Schmerz der Vergangenheit ist verschwunden, und du kannst dein Herz vertrauensvoll und weit öffnen und anderen deine Liebe, dein Sein zeigen, ohne Furcht vor Verletzung und Verrat.*

Willkommen in der Neuen Zeit, in deiner Neuen Zeit, die, wann immer du es willst, für dich beginnt. Sei allezeit wohlbehütet auf deinem weiteren Weg, und genieße die Liebe und die Magie Avalons.

Kehre nun zurück.

Notiere die Vision. Beschreibe dafür alles, was du gerade erlebt und gesehen hast oder was dir gegeben wurde:

....

....

....

....

....

....

....

....

....

....

Meditation: Die Drachenkraft

Das kosmische Herzchakra, das sich über dem Hügel Tor befindet, schlägt immer lauter und ruft uns im Namen der Liebe Avalons. Doch es ist ebenso der Ruf der Drachen an ihre Drachenreiter/ -innen, der viele von uns erreicht.

Wenn du dich von der Mystik, Kraft und Stärke der Drachen ange- zogen fühlst oder ihnen gerne Raum in deinem geistigen Feld geben möchtest und/oder ihren Ruf spürst, schließe deine Augen, und sieh, spüre, an welchen Kraftplatz sie dich führen, um mit ihrer Kraft ein magisches Heilfeuer für dich zu entzünden.

Vielleicht führen sie dich in den Steinkreis von Avebury, wo ihre Energie und Präsenz stark spürbar ist, oder in den magischen Kreis von Stonehenge oder nach Tintagel zur Höhle Merlins. Alles ist mög- lich, lasse dich von der Kraft der Drachen berühren und begleiten.

Wo auch immer du dich auf dieser Reise mit den Drachen gerade be- findest, entzündet der Drache nun mit seiner Feuerkraft für dich ein mystisches Heilfeuer und hüllt dich schützend in dessen Rauch ein. Der Rauch umhüllt dich. Es ist wie eine Einweihung, eine Erinnerung an die Magie und die Kraft der Drachen Avalons. Weitere Drachen werden gerade magisch von diesem Rauch angezogen. Spüre sie jetzt deutlich an deiner Seite. Sie werden das Feld der Magie, das dich nun umgibt, mit all ihrer Kraft halten. Augenblicklich umgibt dich eine violette, magenta- und rosafarbene Energie. Du spürst Güte in ihrer schönsten Form.

Die Drachen schenken dir all ihre Unterstützung, wodurch du die Wege vor dir klar sehen und erkennen kannst sowie den Segen spürst, der dich schon lange umgibt. Sie treten alle gemeinsam ans Feuer, atmen es tief ein und pusten diese alles transformierende Feuerkraft kreisförmig in all deine Lebensbereiche, in alles hinein und durch alles hindurch. Die Drachen lassen das Licht der Gnade in all deine Bereiche strömen. Augenblicklich wandelt sich die Energie, und du spürst, wie wohl du dich jetzt fühlst. Du wirst dein Leben schon bald mit neuen Augen sehen und verstehen, wie wertvoll alles ist, was dir gegeben wurde. Du wirst die alten Wege in neuem Licht sehen und neue Wege gehen. Spüre die Gnade und die Liebe, die dich dabei begleiten.

Im nächsten Moment stehst du wieder am Feuer, an jenem Ort, zu dem der Drache dich geführt und wohin er dich begleitet hat. Bedanke dich bei all diesen gütigen Wesen, und vertraue darauf, dass sie dich in jeder Phase der Transformation oder bei Unstimmigkeiten, wenn du Angst fühlst, kraftlos bist oder Schutz brauchst augenblicklich in ihr Lichtfeld, in den heilenden Rauch einhüllen. Rufe sie, und sie werden bei dir sein.

Verweile noch einen Moment, kehre dann ganz zurück, und spüre nach …

Mache dir wieder Notizen. Du kannst dir unterstützend ein kleines mystisches Heilfeuer anzünden, ob mit Räucherwerk, um dich oder deine Räume zu klären, oder draußen an dafür geeigneten Plätzen, um die Energie der Drachen noch einmal zu spüren. Vielleicht machst du auch ein paar Fotos und schaust, welche Wesen sich dir in den Flammen zeigen.

Welche Verbindung hast du zu den Drachen? Wo und wie spürst du sie in Bezug auf Avalon? Wobei dürfen sie dir helfen?

Kraftplätze in Avalon

Avalon lebt im Verborgenen, weit ins Land hinein, sichtbar für jene, die den Schlüssel zu den Toren der visionären Kraft besitzen.

Auf den folgenden Seiten findest du eine kurze Beschreibung der Kraftplätze von Avalon. Du hast hier die Möglichkeit, deine eigenen und ganz persönlichen Erfahrungen mit diesen magischen Orten niederzuschreiben. Wir haben hier die herausragendsten Kraftplätze kurz beschrieben, mit Raum für eigene Notizen. Weiter hinten findest du Platz für weitere Kraftplätze, die sich dir auf deiner Reise in Glastonbury und Umgebung zeigen, sowie Raum für Notizen zu deinen eigenen magischen Erfahrungen.

Übung: Wie kommt man mit dem Spirit in Kontakt?

Nimm dir Zeit, suche dir ein Plätzchen zum Verweilen. Bewege dich von dem denkenden Verstand in den Raum deines Herzens, indem du deine Hände auf dein Herz legst. Spüre den lebendigen Puls in dir und an diesem Platz. Lasse dir Zeit, den Platz innerlich wahrzunehmen. Warte, bis du deine geistige Führung wahrnimmst, einen Ruf in dir verspürst, der dich an einen Ort zieht. Warte, bis die Nebelschleier sich lüften und du in das mystische Avalon eintreten kannst. Lasse dich von innen heraus führen.

Notiere im Anschluss deine Erfahrungen, deine Erlebnisse an den Orten oder deine Träume in der Nacht.

WER AVALON BETRITT, WIRD NIEMALS SO GEHEN,
WIE ER GEKOMMEN IST!

Glastonbury

Glastonbury ist eine Kleinstadt in Somerset im Vereinigten Königreich. Diese wunderbare Kleinstadt erhebt den Anspruch, das sagenhafte Avalon zu sein. Sie ist der Zugang zum Unsichtbaren. Eine Pilgerstraße der Seele, die Erinnerungen der Verbundenheit in uns wachruft. Äußerlich eng und geballt, innerlich weit und ewig. In Glastonbury gibt es viele Kraftorte, sichtbar und verborgen. Die High Street ist eine bekannte Einkaufsmeile von Glastonbury. Hier gibt es viele spirituelle Gegenstände, Bücher, Räucherwerke und so manch wohlbehütetes Geheimnis zu entdecken. Lasse dich führen auf den Spuren deiner Seele. Hier kreuzen sich viele alte Seelen-wege. So auch z. B. die Leylinien der Göttin und des Gottes, die Leylinien von Erzengel Michael und Maria Magdalena sowie die Drachenlinien und die heiligen Gitternetze des Kosmos.

Wo zieht es dich in Glastonbury hin?

....

....

....

....

....

Notiere hier deine persönlichen Erfahrungen:

....

....

....

....

....

....

....

....

....

....

Die Abbey

Hɪc ɪacet sepultus inclitus rex Arturɪus in
insula Avalonia –
Hier liegt der berühmte König Artus auf der Insel
Avalon begraben.

Die Abbey liegt im Zentrum der Kleinstadt Glastonbury. Es gibt
wenig gesicherte Erkenntnisse über das Kloster. Laut einer alten Legende soll es von Joseph von Arimathäa und Jesus Christus gegrün-
det worden sein. Es ist die Wiege des Christentums. 1191 entdeckte
man hier die Gräber von Artus und Guinevere.

An diesem Ort befinden sich Stufen und Übergänge, aber auch
Brücken in die Einheit. Die Abbey verbindet heutzutage wieder die
Natur mit dem Christusbewusstsein, so, wie es ursprünglich ge-
dacht wahr. Die Natur ist die stärkste Einheit des Göttlichen. Hier
kann man zum urchristlichen Geist und in die Gemeinschaft der
Liebenden zurückkehren.

Erfahrungsbereich

Erlösung, Rückkehr in die Einheit von Natur und Licht, Einweihung, Erkenntnisse, tiefe Erinnerungen der Seele, in Kontakt mit der Zeit um König Artus

Notiere hier deine persönlichen Erfahrungen:

Der Göttinnentempel

Der Göttinnentempel befindet sich in der Hauptstraße, High Street, von Glastonbury in einem Innenhof und ist die Heimat der »Lady of Avalon«. Jedes Jahr kommen unzählige Pilger und Pilgerinnen aus aller Welt in den Tempel, um sich mit der Göttin zu verbinden.

Erfahrungsbereich
Die Große Göttin, Rückkehr zur Einheit, Balance, Naturverbundenheit, Zyklus der Natur, im Einklang mit Erde und Natur, Heilung der Weiblichkeit, Einweihung

Notiere hier deine persönlichen Erfahrungen:

....

....

....

....

....

Der Garten von Maria Magdalena

In Glastonbury gibt es eine Magdalene Street mit der St. Margaret's Chapel. Hinter der Kapelle gibt es einen kleinen wunderbaren Zaubergarten, in dem man in Stille verweilen kann, um tiefe Heilung in der Seele zu erfahren. Hier geschehen Wunder.

Erfahrungsbereich

Einkehr, Stille, Heilung, Gebet, Fürbitte, Wunder

Notiere hier deine persönlichen Erfahrungen:

Das Labyrinth in Glastonbury

Das Labyrinth von Glastonbury befindet sich in der High Street vor der Kirche von St. John der Baptist. Indem wir das Labyrinth durchlaufen, erkennen wir den Mysterienpfad des Lebens. Wir sind geborgen und geführt auf dem Weg zurück in das Licht.

Erfahrungsbereich
Labyrinth, Weg des Lebens, Führung und Geborgenheit, Vollendung, Ewigkeit, Erwachen

Notiere hier deine persönlichen Erfahrungen:

Der Garten von Chalice Well und die Rote Quelle

Den Garten von Chalice Well finden wir am Fuße des Glastonbury
Tors. Dieser Garten ist wunderschön und lädt zum Verweilen ein.
Hier befindet sich die Rote Quelle, die stark eisenhaltig ist und eine
rötliche Färbung aufweist. Sie lockt Pilger aus aller Welt an, denn
das Wasser gilt als heilig.

Erfahrungsbereich
Lebenskraft, Aufladung, Regeneration, Einweihung, in Kontakt mit
den Feen und dem Elbenreich, Erinnerungen der Seele, Visionen,
Quellheiligtum, die eigene Quelle ehren, Heilkraft und Schöpferkraft, Wunscherfüllung und Magie

Notiere hier deine persönlichen Erfahrungen:

Die Weiße Quelle vor dem Garten von Chalice Well

Die Weiße Quelle liegt gegenüber der Roten Quelle, jedoch außerhalb des Gartens von Chalice Well, am Fuße des Tors. Sie ist nicht immer geöffnet. Die beiden Quellen gehören zusammen, so, wie Männlich und Weiblich, Yin und Yang. Die Weiße, eiskalte Quelle spült hinfort, was unser Licht kleinhält. In dem Heiligtum der Weißen Quelle kann man baden. Ein Handtuch sollte selbst mitgebracht werden. Und: Fotografieren ist hier strengstens verboten.

Erfahrungsbereich
Reinigung, Heilung, Einweihung, Quellenmagie, Taufe, Öffnung der feinstofflichen Sinne, Erkenntnis

Notiere hier deine persönlichen Erfahrungen:

Das Labyrinth unter dem Hügel Tor – Aufstieg zum Tor

Wer den Aufstieg zum Tor bewusst und mit Bedacht unternimmt, kann die Schwellen, Ebenen und Dimensionen wahrnehmen, die mit diesem mächtigen Dimensionstor verbunden sind. Es ist ein Weg der Einweihung in die uralte Magie der Seele.

Erfahrungsbereich

Bewusster Aufstieg, bewusster Abstieg, Wellen, Ebenen und Dimensionen, Klang und Magie, Einweihungsweg und Rückkehr in die Ewigkeit, Allverbundenheit

Notiere hier deine persönlichen Erfahrungen:

Das Tor

Das »Tor« befindet sich auf einem pyramidenförmigen Hügel, der in Labyrinthform angelegt ist. Es symbolisiert den Eintritt in das mystische Avalon sowie den Übergang von alten Wegen zu neuen Wegen und die Rückverbindung zum göttlichen Spirit der allumfassenden Natur.

Erfahrungsbereich
Torweg, Eingang zum Land der Feen, Eintritt nach Avalon, Rückkehr nach Avalon, Hügel des inneren Sehens, Portal in das Licht der Liebe

Notiere hier deine persönlichen Erfahrungen:

Jesus und Joseph von Arimathäa

In der mystischen Landschaft von Glastonbury befindet sich ein Baum, der mit Bändern geschmückt ist. Joseph von Arimathäa soll dort seinen Wanderstab in die Erde gesteckt haben. Dieser trieb aus und wurde zu einem Dornbusch. Dieser Busch wird heute von vielen Pilgern besucht. Er lädt zum Verweilen ein, zum Beten und zur geistigen Sammlung. Viele unausgesprochene Fragen finden hier Antwort.

Erfahrungsbereich
Wunscherfüllung, Antwort auf unausgesprochene Fragen, Verstärkung der Führung und Höherführung, Christusbewusstsein, Allverbundenheit

Notiere hier deine persönlichen Erfahrungen:

Der Apfelgarten

In Glastonbury, nahe dem Hügel Tor, gibt es einen wunderschönen Apfelgarten – Avalon Orchard. Er ist der Garten der Einweihung. Hier kann man mit den zauberhaften Kräften der Natur in Kontakt kommen wie den Einhörnern und anderen Zauberwesen. Es lohnt sich, hier zu verweilen.

Erfahrungsbereich
Feenmagie, Einweihung in die feinstofflichen Reiche, Zauber, Wunder, neue Impulse, Vergebung und Heilung

Notiere hier deine persönlichen Erfahrungen:

....

....

....

....

....

....

....

....

....

....

....

....

Stonehenge

Stonehenge ist ein magischer Kraftort, der Menschen aus aller Welt anzieht, da er den Kosmos mit der Natur und dem Herzen der Erde verbindet und ein Tor in die kraftvolle innere Erde ist.

Es besteht aus 32 Steinen, die bis zu 4,80 Meter in die Höhe ragen. Sie bilden einen äußeren Steinkreis und im Inneren fünf Tore. Die Steine sind auf einer der bedeutendsten, sich kreuzenden Leylinie der Erde und zum Mittsommersonnenaufgang ausgerichtet.

Die Steine wurden offiziell für astronomische Beobachtungen, für die Jahreskreisfeste und für wichtige Einweihungen und Initiationen genutzt. Sie fungieren dabei als Tore in andere Welten. Wenn wir sie genau betrachten, entdecken wir Hüter und Wesenheiten darin.

Dieses »Sternentor« ist zu manchen Zeiten aktiv und lädt die lebendige Erde mit kosmischer Energie auf, und zu manchen Zeiten ruht die Energie in Stonehenge. Wenn dieses kraftvolle Tor aktiv ist, so ist es, als ob Energie aus dem Universum in das Zentrum hineinströmt und sich wellenförmig über dieses Zentrum auf der Erde ausbreitet.

Erfahrungsbereich
kosmische Verbindung, Sternenheimat, Allverbundenheit, Eingebungen, Potenzialaktivierung, tief greifende Erkenntnisse

Notiere hier deine persönlichen Erfahrungen:

Avebury

Der Steinkreis von Avebury liegt in der Grafschaft Wiltshir östlich von Bath. Er ist der größte Steinkreis auf den britischen Inseln und umfasst eine Fläche von ca. 15 Hektar. Seine Mittellinie ist auf den Mittsommersonnenaufgang ausgerichtet. Dieser Steinkreis ist offen. Man kann mit den Steinen und Steinwesen in Verbindung treten.

Erfahrungsbereich
Priesterinnen, Priester, Zeremonien, Erinnerungen der Seele, Einweihung, Erlösung und neue Wege

Notiere hier deine persönlichen Erfahrungen:

Cornwall – Wasserfälle bei St. Nectan's Glen

St. Nectan's Glen ist ein Waldgebiet in der Nähe von Tintagel, im Norden von Cornwall, das sich am Trevillet River über eine Meile erstreckt. Das Besondere hier ist der sechzig Meter lange Wasserfall, der durch ein Loch in einem Felsen strömt. Um diesen Kraftort entstand ein wahrer Kult, allein der Wanderweg zu den Wasserfällen ist wunderschön, denn die Wege sind mit bunten, im Wind flatternden Bändchen gesäumt, und man kann überall eine wundervolle Energie spüren. Der Ort lädt förmlich zum Meditieren und für Rituale ein, aber dazu sollte man sehr früh dort sein, da sich St. Nectan's Glen großer Beleibtheit erfreut und sich hier täglich viele Touristengruppen einfinden.

Erfahrungsbereich
Reinigung, Transformation, Blockaden lösen, Einkehr, Rückzug, Verborgenes an die Oberfläche spülen

Notiere hier deine persönlichen Erfahrungen:

Cornwall – Tingtagel – Merlins Höhle

Ein Eintauchen in das mystische Avalon ist an diesem wildromantischen Ort in Tintagel möglich. Es ist der Ort der Vergangenheit, Gegenwart und Zukunft Avalons. Ein wundervoller Blick über die Steilklippen lädt zum Verweilen, Träumen und Meditieren ein. An den Klippen gibt es eine Treppe, die direkt nach unten an eine kleine Bucht und zur Gezeitenhöhle von Merlin führt. Die Höhle kann man nur bei Niedrigwasser betreten. Merlins Abbild ist über der Höhle in den Fels gemeißelt. Die Magie dieses Ortes ist bei jedem Schritt zu spüren und auch zu sehen. Es ist einfach magisch. Entlang der Bucht gibt es zudem einen zauberhaften Wasserfall, der im Sonnenlicht wundervolle Farbspiele hervorzaubert. Große Steine am Strand der Bucht laden zum Verweilen ein.

Erfahrungsbereich
Merlins Magie erleben, Erinnerungen wecken, Visionen, Dimensionssprung, Steine spüren und finden, Unsicherheiten transformieren, Klarheit und Freiheit spüren, Einweihung in die Mysterien der Druiden, den Zauber des neuen, eines neuen Anfangs erfahren, Symbolik, Zeichen der Magie, Geistführer wahrnehmen und erkennen

Notiere hier deine persönlichen Erfahrungen:

Cornwall – Camelot

Eine Treppe entlang der Steilklippen führt über viele steile Stufen hoch hinauf auf den Platz, an dem einst die Burg Camelot gestanden haben soll. Ein wundervoller Ausblick und dieser legendäre Platz (meist sehr windig) laden zum Eintauchen in die Artuszeit ein. Hier wurde der legendäre König Artus geboren. Willkommen in der Tafelrunde.

Um diesen Weg zu gehen, sollte man keine Höhenangst haben und schwindelfrei sein. Aber auch von unten betrachtet, ist die Energie dieses Ortes stark spürbar.

Erfahrungsbereich

Den Wegen des Lebens vertrauen, Mutig sein, Steine und Geröll entlang des Lebensweges entfernen, Urvertrauen, den eigenen Lebensplan erkennen, Ängste überwinden sowie Enttäuschung, Misstrauen und negative Erfahrungen verarbeiten, den eigenen Platz im Leben finden und einnehmen

Notiere hier deine persönlichen Erfahrungen:

Sonstige Kraftplätze in Avalon

Es gibt unzählige weitere Kraftorte in Glastonbury und Umgebung. Klöster, Gärten, Kapellen, Quellen, Flüsse, Baumheiligtümer, Feenbäume, Kornkreise, Drachenfelder, Einhornplätze, Wunschbrunnen, verborgene Quellen und Gärten, bekannte und geheime Plätze.

Welche Plätze rufen dich noch? Zu welchen Plätzen wirst du geführt, da sie für dich eine besondere Bedeutung haben?

Notiere dir hier weitere Plätze, ihre Lage und deine persönlichen Erfahrungen:

Abschluss – Reflexionen im Licht
»meines Avalons«

Hier hast du Platz für deine persönliche Zusammenfassung:

Dieser Ruf erreichte mich:

....

....

....

....

....

....

....

*Dieser avalonische Seelenbegleiter (Merlin, Morgaine, Artus …) und
dieses Krafttier (Eule, Hase …) begleiten mich:*

....

....

....

....

....

....

....

Diese Plätze habe ich besucht:

....

....

....

....

....

....

Davon wurde ich am meisten berührt:

....

....

....

....

....

....

Davon wurde ich am meisten überrascht:

....

....

....

....

....

....

Hier ist für mich etwas Tiefgreifendes passiert:

....
....
....
....

Hierin lag meine größte Herausforderung:

....
....
....

Hier nehme ich noch etwas Unerlöstes wahr:

....
....
....
....
....

Dies konnte sich in mir heilen und erlösen:

....
....
....
....
....

Hier habe ich tiefen Frieden in mir gefühlt:

....

....

....

....

Dies klingt am stärksten in mir nach:

....

....

....

....

Diese Vision schenkt mir Avalon:

....

....

....

....

Diese Bilder nehme ich in meinem Herzen mit:

....

....

....

....

Dies nehme ich vom »alten Avalon« in die heutige Zeit mit:

....

....

....

....

....

Dieser weitere Ruf erreicht mich jetzt:

....

....

....

....

....

Dies ist meine persönliche »Avalon-Essenz«:

....

....

....

....

....

....

....

Danksagung

... von Jeanne Ruland

Ich danke den Kräften von Avalon, die mich immer wieder rufen, um die feinstofflichen Ströme in mir zu verstärken, zu wandeln, zu erlösen und neu zu erfahren. Ich danke dir, liebe Melanie Missing, für die wundervolle Zusammenarbeit und das gemeinsame Wirken im Plan einer neuen Zeit. Ich danke von Herzen den Verlegern Heidi und Markus Schirner. Ich danke unserer Lektorin Kerstin Noack für die tatkräftige und kompetente Unterstützung und Anke Müller für das wunderschöne Layout. Möge das Büchlein tiefe Erkenntnisse bringen und Avalon im Herzen der Ewigkeit aufschließen. Avalon lebt in jedem von uns. Wir sind verbunden. Wir sind eins.

In Liebe
Jeanne Ruland

… von Melanie Missing

Ich danke dem Ruf der Anderswelt, der meine Freude auf das Erleben dieser magischen Ebene Avalon immer wieder in mir weckt und mich dadurch den Zauber und die Magie Avalons immer wieder spüren lässt. Danke von Herzen an meine liebe Freundin Jeanne Ruland für das so bereichernde Zusammenwirken und dafür, dass wir zusammen nun diesen Herzensweg, in dem Avalon im Einklang ist, in der neuen Zeit gemeinsam gehen. Danke an unsere wundervolle Lektorin Kerstin Noack, die uns mit all ihrem Wissen unterstützt, wofür wir sehr, sehr dankbar sind. Danke an das Grafikteam des Schirner Verlags für die zauberhafte Gestaltung. Danke an den Schirner Verlag, an Heidi und Markus Schirner, die uns diese Plattform geben und uns ermöglichen, unseren Visionen Form und Ausdruck zu verleihen. Wir wissen das alles sehr zu schätzen! Und ein herzliches Dankeschön an all unsere Leser, denen wir hoffentlich mit diesem Seelenbegleiter viel Freude auf ihren Avalonreisen bringen, ob auf meditativer Reise, dort, wo man gerade ist, oder direkt in England. Avalons Ruf ist stark, lasst euch so wie wir vom Puls des kosmischen Herzens tragen.

Danke von Herzen
Eure Melanie Missing

Über die Autorinnen

Jeanne Ruland ist Autorin, Wegbereiterin in die Neue Zeit, Engelmedium, Lehrerin und internationale Seminarleiterin. Sie unterrichtet Natur-, Engel-, Meister- und Strahlenlehre, Huna sowie die Lehre der Heiligen Geometrie. Ihre Seminartätigkeit begann im Jahr 2000.
Ihr fundiertes Wissen und ihre langjährige Erfahrung in der Energiearbeit gibt sie gern weiter, um zu erinnern und zu erwecken. Sie bietet internationale Reisen zu Kraftorten an. *www.shantila.de*

Melanie Missing hatte im Jahr 2002 ihre erste himmlische Begegnung mit einem Engel, und diese veränderte ihr ganzes Leben. Sie besuchte mediale Ausbildungen und begann, energetisch zu arbeiten. 2009 traten auf wundervolle Weise die Einhörner als lichte Energie in ihr Leben. Heute ist sie eine der bekanntesten Autorinnen im deutschsprachigen Raum zum Thema »Einhörner« und hat neben Büchern, Kartensets und CDs ihre preisgekrönten Einhornessenzen in ihrem Unternehmen »Garten Eden« veröffentlicht. Weitere Arbeitsfelder von Melanie Missing sind das Vermächtnis Avalons und die Energie der Marien. *www.einhornessenz.de*

Schon entdeckt?
Essenzen zum Thema »Avalons Vermächtnis« finden Sie unter *www.einhornessenz.de* sowie unter *www.schirner.com*

Bildnachweis